Sascha Sandhorst

Interkulturelle Begegnungen

Mit einem Beitrag von
Hermann Ulferts

© 2024 Sascha Sandhorst
        Freienwalder Straße 18
        30629 Hannover

Lektorat: Erik Kinting – www.buchlektorat.net
Umschlag & Satz: Erik Kinting

Druck und Distribution im Auftrag des Autors:
tredition GmbH, Heinz-Beusen-Stieg 5,
22926 Ahrensburg, Germany

Softcover   978-3-384-17649-3
Hardcover   978-3-384-17650-9
E-Book   978-3-384-17651-6

Inhalt

Vorwort

Interkulturelle Begegnungen sind ein fester Bestandteil in unserer Gesellschaft. Tagtäglich treffen wir auf Menschen mit unterschiedlicher Herkunft, sei es auf der Arbeit, beim Einkaufen, Spazierengehen, in der Bäckerei oder auch im Freundes- und Familienkreis. Wir nehmen uns gegenseitig wahr, sprechen miteinander, gehen auf Tuchfühlung und in Interaktion. Im Zentrum Europas ist Deutschland ein wunderbares und offenes Land. Menschengruppen mit unterschiedlicher Herkunft und Ethnie leben bei uns in einer Willkommenskultur und können sich in unserer demokratischen Gesellschaft gut einleben und weiterentwickeln. Der Gesetzgeber hat hierzu die erforderlichen Gesetze und Instanzen geschaffen. Nicht selten entstehen hieraus neue Perspektiven und Chancen. Der Bereich *Fachkräfteeinwanderung* ist z. B. ein effektives Mittel, um den stark zunehmenden Fachkräftemangel aufzufangen, und trägt wesentlich dazu bei, dass Deutschland als starkes Industrieland seinen Wohlstand auf Dauer sichern kann und wettbewerbsfähig bleibt.

Sascha Sandhorst lässt die Leserinnen und Leser in diesem Buch an seinen Begegnungen mit Indien, den Menschen dort, der Natur, Kultur, den Gewohnheiten und Bräuchen dieses Landes während seiner Indienreise im Bundesstaat Kerala 2023 teilhaben. Er berichtet von Chancen und Möglichkeiten bezüglich der Fachkräfteeinwanderung und seiner persönlichen Weiterentwicklung in diesem Bereich. Lesen Sie von ein paar sehr persönlichen Eindrücken, vom indischen Dschungel und lernen Sie traditionelle indische Kochrezepte kennen.

Das neue Fachkräfteeinwanderungsgesetz lässt sich anhand von praktischen Fallbeispielen in diesem Buch gut nachvollziehen. Es werden interkulturelle Techniken vorgestellt, die den Umgang mit Menschen mit Migrationshintergrund erleichtern können.

Ein Höhepunkt des Buches ist zweifelsohne der Beitrag von Hermann Ulferts, der über seine interkulturellen Erfahrungen während seiner ehrenamtlichen Arbeit in einem sozialen Kaufhaus berichtet. Wie fühlt man sich, wenn man als Fremder nach Deutschland kommt, und welche Hindernisse kommen im Integrationsprozess auf einen zu?

Einleitung – Offen sein für Neues

Ich kann ruhigen Gewissens und mit Stolz berichten, dass ich mein Hobby zum Beruf gemacht habe. Schon als 18-Jähriger wandte ich mich immer mit großer Offenheit Neuem zu. Ich bin mittlerweile Integrationsbeauftrager. Der Weg, der mich dorthin geführt hat, war außergewöhnlich und auch etwas sonderbar.

Groß geworden in einer VW-Familie, habe ich nach meiner Ausbildung beim Volkswagenwerk in Emden gekündigt und wurde beim Landkreis Aurich in einer Pflegeeinrichtung eingestellt. Ich wollte mit Menschen zu tun haben. Zu dieser Zeit war ich Fußballjugendtrainer beim Fußballverein *FC Norden*. In Norddeich gibt es ein Flüchtlingsheim, zu dem ich über den Sportverein Kontakt aufgenommen habe, um Jugendspieler für unseren ostfriesischen Fußballverein zu gewinnen. Der ehemalige Landrat hatte mich damit beauftragt, die erst seit kurzer Zeit in Deutschland lebenden Jugendlichen in unseren Fußballverein zu integrieren. Ohne lange nachzudenken, fuhr ich hin und setzte den Wunsch in die Tat um. Binnen zwei Jahren wurden wir ein sehr erfolgreiches Jugendteam im Landkreis Aurich, das zur Hälfte aus ausländischen Spielern bestand. Die Erlebnisse, die das mit sich brachte, schrieben eine wunderbare Erfolgsstory. Viele der Jugendlichen sind erfolgreich und selbstständig geworden und die Freundschaften aus dieser Zeit existieren noch heute.

Die Gründe für den Erfolg liegen wohl nicht zuletzt in meiner Kontaktfreudigkeit und Offenheit. Ich bin zur Erstkontaktaufnahme in die Familien gegangen, es gab Tee und Gebäck. Ich habe die jeweilige Familiensituation berücksichtigt sowie die Sorgen und Befürchtungen, die die Menschen hatten, ernst genommen, denn die Familien hatten in ihrer Heimat viele negative Erfahrungen gemacht wie Krieg, Vertreibung und Flucht. Mir war es wichtig, zu fragen, woher sie kamen, warum sie zu uns kamen, was mit ihnen passiert war und was sie früher in ihrer Heimat gemacht hatten. Ich fragte die Kinder, in welcher Schulklasse sie waren und welche Lieblingsposition als Fußballspieler sie hatten, ob sie deutsche Fußballspieler kannten und womöglich einen Lieblingsspieler hatten. Wenn Sorgen mit Ablauf der Duldungen vorhanden waren, habe ich Kontakte zum Landkreis hergestellt und war behilflich, wenn es darum ging, ein Schreiben aufzusetzen, oder habe sogar zum Termin begleitet.

Nun bin ich über 30 Jahre später Integrationsbeauftragter geworden und führe diese Aufgabe mit vollem Engagement, Liebe und großer Herzlichkeit aus. Besonders mag ich den Austausch mit den ausländischen Kolleginnen und Kollegen, die ich als hervorragende und motivierte Menschen kennengelernt habe. Es sind viele Freundschaften entstanden und ich habe Erfahrungen gemacht, die nicht nur mich in meiner Weiterentwicklung stark gefördert haben und von denen ich im weiteren Verlauf des Buches erzählen möchte.

Fachkräfteeinwanderung – eine Win-win-Situation

Deutschland braucht dringend gut ausgebildete Fachkräfte und das nicht nur in der Pflege- und Gesundheitsbranche. Hinzu kommt, dass die geburtenstarken Jahrgänge von 1955 bis 1969 in den kommenden Jahren in Rente gehen werden. Die bereits bestehende Lücke bei den Fachkräften wird sich in den kommenden Jahren noch extrem verstärken. Teilweise dauert es schon jetzt über eineinhalb Jahre, bis eine ausgeschriebene Stelle für eine Fachkraft im Bereich Gesundheits- und Krankenpflege in Deutschland besetzt werden kann. Der Standort Deutschland bröckelt stark.

Politisch muss sich einiges verbessern, um den Wirtschaftsstandort Deutschland zu sichern. Viele bekannte Firmen lösen ihre Niederlassungen in Deutschland auf bzw. verlagern ihre Produktion ins Ausland, weil sie dort günstiger produzieren können. Hier besteht seitens der Politik dringend Handlungsbedarf, vor allem muss das Steuersystem in Europa angeglichen und die Bekämpfung von Steuervermeidung und Betrug tatkräftig umgesetzt werden. Es muss mehr Geld für Innovation und Forschung bereitgestellt werden und vor allem müssen die Jobs in der Pflege attraktiver werden. Hierzu zählt ein intensiver Wissenstransfer zwischen Pflege und Studierten, dass bedeutet mehr Akademisierung. Deutschland ist leider nicht das Nonplusultra in Sachen Fachkräfteeinwanderung in der Pflege, gerade weil die Arbeitsplätze in anderen Einwanderungsländern wesentlich attraktiver sind, z. B. in Holland, Kanada, Australien und Skandinavien.

Das Institut für Arbeitsmarkt- und Berufsforschung der Bundesagentur für Arbeit sagt, dass jedes Jahr 400.000 ausländische Fachkräfte zu uns nach Deutschland kommen müssten, um die Lücke zu schließen. Die Förderung der vorhandenen Ressourcen in Deutschland ist unabdingbar, zusätzlich benötigen wir eine intensive Fachkräfteeinwanderung. Hieraus ergeben sich auch der Zeitdruck und der Wunsch vieler Einrichtungen und Betriebe nach schnellerer Umsetzung des Fachkräfteeinwanderungsgesetzes und Abbau bürokratischer Barrieren.

Fakt ist, dass ausländische Fachkräfte einen starken Beitrag in Deutschland leisten. Die motivierten und hervorragend ausgebildeten Fachkräfte sind eine Bereicherung. Die Verfahren sind aber häufig sehr lang und dauern über viele Monate. Hieraus ergibt sich eine Diskrepanz: Deutschland kann nicht auf der einen Seite Spitzenleute anwerben und auf der anderen Seite monatelange Warteschleifen und hohe Hürden bei den zuständigen Behörden, nicht zuletzt auch bei den deutschen Vertretungen in den Heimatländern der Bewerber zulassen. Das schreckt ab und die Fachkräfte werden uns von anderen Ländern weggeschnappt.

Um die Situation positiv zu verändern, braucht es dringend eine Entbürokratisierung, massiven Abbau der bürokratischen Barrieren innerhalb der beteiligten Behörden und Anerkennungsstellen auf kommunaler Ebene und Landesebene.

Im Detail

Die Landesbehörden sind im *beschleunigten Fachkräfteverfahren* nicht an die Fristen zur Bearbeitung der Anträge auf Feststellung der Gleichwertigkeit gebunden. Somit wird die variable Zeitschiene (Anerkennungsverfahren 2 Monate, Beschäftigungsprüfung (Vorab-Zustimmung) 1 Woche, Visa-Beantragung 3 Wochen und Visum-Ausstellung 3 Wochen) in der Regel um Monate überschritten. Mann kann sagen, dass das *beschleunigte Fachkräfteverfahren* die Bezeichnung *beschleunigt* nicht verdient. Eine verbindliche behördliche Anlaufstelle, in der alle für den Prozess erforderlichen Dokumente elektronisch abgelegt und ausgetauscht werden können, muss dringend eingeführt werden. Durch die Ausweisung dieser Stelle, mit Schwerpunkt auf den relevanten Antragsverfahren, können Abstimmungsprobleme zwischen den beteiligten Behörden in den Antragsverfahren vermieden und die Dokumente direkt zur Bearbeitung weitergeleitet werden. Das hilft auch den deutschen Vertretungen im Ausland sehr. Ein Analog-Übertrag der Dokumente auf das Visa-Verfahren (Passkopie, Lebenslauf etc.) muss gesichert sein. Bislang gibt es zu viele Unterschiede in den Behörden. Ein Hin- und Hersenden von Dokumenten und Original-Papieren sollte im digitalen Zeitalter vermieden bzw. auf ein Mindestmaß reduziert werden. Auf Anfragen muss seitens der Behörden in kürzeren Fristen reagiert werden. Eine Fristsetzung für den Bearbeitungszeitraum sollte festgesetzt werden.

Das neue Fachkräfteeinwanderungsgesetz ab dem 18.11.2023 soll dahin gehend Erleichterung schaffen.

Neues
Fachkräfteeinwanderungsgesetz

Das neue Fachkräfteeinwanderungsgesetz sieht vor, dass ausländische Fachkräfte leichter nach Deutschland kommen können. Ab dem 18.11.2023 sind in Deutschland etliche neue Regelungen zur Erleichterung in Kraft getreten. Weitere Regelungen, wie die Chancenkarte ab dem 01.06.2024, folgen im Jahr 2024.

Die Gründe hierfür sind der Wunsch, mehr Ordnung in der Migrationsarbeit zu schaffen, für Verbesserungen im globalen Wettbewerb zu sorgen, dem hohen Fachkräftebedarf zu begegnen und eine genauere Trennung zwischen Asyl und Fachkräfteeinwanderung zu vollziehen.

Grundsätzlich gibt es drei Möglichkeiten, nach Deutschland einzureisen:

1. Die Einreise über die *Blaue Karte EU* für Hochschulabsolventen aus Drittstaaten oder über die nationale Aufenthaltserlaubnis.

Die Möglichkeit hierzu ist schon heute vorhanden. Neu: Diese qualifizierten Kräfte können künftig jede Qualifizierung ausüben, wenn sie einen in Deutschland erworbenen oder anerkannten Abschluss besitzen. Der Arbeitgeberwechsel und auch der Familiennachzug sollen vereinfacht werden, so auch der Erhalt einer Erlaubnis zum Daueraufenthalt in der EU.

2. Berufserfahrung und Anerkennung

Einwanderung für Arbeitskräfte mit mindestens zwei Jahren Berufserfahrung und staatlich anerkannten Berufsabschluss in ihrem Herkunftsland. Hierbei muss eine bestimmte Gehaltsschwelle eingehalten werden oder aber der Arbeitgeber in Deutschland hat eine Tarifbindung. Der Antrag auf Anerkennung eines Berufsabschlusses darf auch nach der Einreise erfolgen. Die Fachkräfte und Arbeitgeber müssen sich in diesem Fall zu einer sogenannten *Anerkennungspartnerschaft* verpflichten. Die positiven Folgen sind kürzere Verfahren und weniger Bürokratie.

3. Potenzial der *Chancenkarte* zur Arbeitssuche mit Punktesystem

Mit der *Chancenkarte* soll ausländischen Arbeitskräften die Suche nach einem Arbeitsplatz erleichtert werden. So dürfen Fachkräfte, noch während sie auf Suche nach einem Arbeitsplatz sind, für bis zu 20 Stunden pro Woche eine Nebenbeschäftigung ausüben. Bislang war es nur möglich einzuwandern, wenn ein Arbeitsplatzangebot von einem deutschen Arbeitgeber nachgewiesen werden konnte. Ein Arbeitsplatzangebot in Deutschland zu bekommen, wenn man sich noch im Ausland befindet, ist aber häufig schwierig.

Mit der *Chancenkarte* werden nun ab dem 01.06.2024 Kriterien definiert, unter denen man ins Land kommen kann, um sich hier in Deutschland mit dem Visum einen Job zu suchen. Hierzu hat man ein Jahr Zeit. Es dürfen keine Sozialleistungen in Anspruch genommen werden. Die arbeitssuchende Kraft muss selbst für ihren Lebensunterhalt sorgen. Wenn man innerhalb eines Jahres einen Arbeitsplatz gefunden hat, kann man hierbleiben und dauerhafter Teil unserer Gesellschaft werden. Die *Chancenkarte* kann bis zu zwei Jahre verlängert werden, wenn die ausländische Arbeitskraft einen Arbeitsvertrag oder ein Arbeitsplatzangebot für eine inländische qualifizierte Beschäftigung besitzt und die Bundesagentur für Arbeit zustimmt.

Die Kriterien sind:

Qualifikation:
Berufserfahrung wird gepunktet in einem bestimmten Beruf.

Sprachkenntnisse:
Deutsch und Englisch bringen Punkte.

Alter:
Je jünger man ist, desto mehr Punkte kann man erhalten.

Berufserfahrung:
Ist der Beruf im Bereich der sogenannten *Mangelberufe*, also in Deutschland besonders gefragt (z. B. Programmierer), gibt es hierfür zusätzlich Punkte.

Bezug zu Deutschland:
Z. B., der Partner bewirbt sich auch und erfüllt ebenfalls die Anforderungen. Es kommen in diesem Fall also zwei Fachkräfte, dafür gibt es zusätzliche Punkte.

Potenzial der mitziehenden Ehe- oder Lebenspartner*in

Die wesentliche Änderung im Gesetz ist, dass die Anerkennung kein zwingendes Kriterium mehr ist. Es gibt aber Zusatzpunkte, wenn der Abschluss in Deutschland als gleichwertig anerkannt wird. Wenn die Arbeitskraft einen Abschluss im Ausland hat, dann bringt ihr das auch schon Punkte bei der Suche im Inland. So kann der Betrieb entscheiden, ob es ihm reicht.

Für die Einschätzung nach den Kriterien muss die Regierung eine Website aufbauen. Die Eingaben sollten in zehn Minuten abgeschlossen werden können. Wenn man diesen Kriterien entspricht, erhält man sein Visum und kann zur Jobsuche herkommen. Wer einen Job findet, kann zwei Jahre bleiben. Wenn die Arbeitskraft nach zwei Jahren immer noch einen Job hat, kann sie in einen dauerhaften Aufenthaltstitel wechseln.

Außerdem ist eine kurzzeitige kontingentierte Beschäftigung möglich

Das Gesetz plant zur Weiterentwicklung der Fachkräfteeinwanderung für Branchen mit besonders großem Bedarf erstmals eine kontingentierte

Beschäftigung für acht Monate unabhängig von einer Qualifikation. Voraussetzung ist ein Tarif gebundenes- und sozialversicherungspflichtiges Arbeitsverhältnis. Wie hoch das Kontingent ist, soll von der Arbeitsagentur festgelegt werden. Zu den betroffenen Branchen gehören u. a. Gesundheitswesen, IT-Branche, Bau- und Aufbauberufe.

Es gibt auch weitere Neuerungen:

Erleichterungen für Studierende (weitere Möglichkeiten zu den Regelungen für Werksstudenten):
Es gibt die Möglichkeit der Absicherung des Lebensunterhaltes durch eine Nebenbeschäftigung. Ebenso geplant ist die Aufhebung einiger Verbote für Nebentätigkeiten und die Förderung des Besuchs von Sprachkursen. Im Rahmen von Studienaufenthalten und Sprachkursteilnahmen wird die Sicherung des Lebensunterhalts durch erweiterte Möglichkeiten zur Nebenbeschäftigung erleichtert, indem die Möglichkeit geschaffen wird, die Höchstbeschäftigungszeiten nach den sozialrechtlichen Regelungen zu sogenannten Werksstudenten auch aufenthaltsrechtlich anzuwenden, um im erlaubten Rahmen zulässiger Nebentätigkeiten während des Studiums zu bleiben.

Abbau von Bürokratie und schnellere Verfahren

Die Verantwortlichkeiten der VISA-Bearbeitung sollten nicht mehr alleine bei den VISA-Stellen im Ausland liegen, sondern beim Auswärtigen Amt zentralisiert werden.

Die Regierung hat sich verpflichtet, eine Machbarkeitsstudie durchzuführen, deren Ergebnis schon in diesem Jahr (2024) vorliegen soll: *Welche Maßnahmen sind für die weitere Beschleunigung und Entbürokratisierung erforderlich?* Die Vereinfachung der Digitalisierung soll durch Behördenzusammenlegung erfolgen. Möglicherweise kommt es zur Zusammenlegung unter einer Behörde (VISA-Bearbeitung aus dem Ausland, Prüfung der Arbeitsbedingungen (heute Bundesagentur für Arbeit), spätere Aufenthaltstitel), z. B. bei der Bundesagentur für Arbeit. Da die Behörden von Bund, Kommune und Land betroffen sind, muss der Bundesrat hierzu eingeschaltet werden (z. B. eine Bundesagentur für Einwanderung).

Familie darf mitkommen

Das gilt für neu hinzuziehende Fachkräfte, die in Deutschland dringend gebraucht werden, unter der gesetzlichen Vorgabe, für ihren Lebensunterhalt selber sorgen zu können. Der Sozialleistungsbezug ist ausgeschlossen. Das ist gültig, solange jemand einen Job hat. Die Familie ist somit an die Person gebunden, die den Job und die Arbeitserlaubnis hat. Die Familie finanziert sich also selbst.

Die Familie bei sich zu haben, ist sehr wichtig. Wenn das nicht möglich ist, verzichten viele Fachkräfte auf Deutschland und suchen sich Länder, die familienfreundlicher sind, damit sie ihre Partner und Kinder mitbringen können. Auch der Familiennachzug für Eltern von Fachkräften soll daher erleichtert werden.

Einmaliger Spurwechsel Asylbewerber/ Flüchtlinge

Der *Spurwechsel* ist einmalig möglich für Menschen, die schon hier in Deutschland sind und sich im Asylverfahren befinden, ohne anerkannten Aufenthaltsstatus. Durch den *Spurwechsel* können sie einen Zugang zum Arbeitsmarkt finden und arbeiten (Stichtag 03. März). Wer schon hier ist und die Kriterien des Fachkräfteeinwanderungsgesetzes erfüllt und ein Arbeitsplatzangebot von einem deutschen Unternehmen hat, darf einmalig die Spur wechseln.

Beispiel für einen möglichen Weg

1) Klare Kriterien
2) Klare Bedingungen (Wen kann man mitbringen?)
3) Klare Perspektive (Punktesystem konkret)
4) Wer über das Punktesystem kommt, hat 1 Jahr Zeit zur Jobsuche
5) Man bekommt einen qualifizierten Job (kein Fachkräftejob)
6) Bundesagentur für Arbeit schaut, ob Beschäftigungsbedingungen vergleichbar sind
7) Möglichkeit 2 Jahre zu bleiben
8) Nach 2 Jahren Wechsel in einen anderen Aufenthaltstitel – Blue-Card-Regelungen der Beschäftigungsverordnung
9) Nach 5 Jahren Aussicht auf dauerhafte Niederlassungserlaubnis
10) Angebot, mit der deutschen Staatsbürgerschaft Teil der Gesellschaft zu werden

Vom Erstkontakt bis ans lang ersehnte Ziel: Der Weg einer ausländischen Fachkraft

Ausländische Fachkräfte können über unterschiedliche Wege nach Deutschland kommen. In diesem Kapitel möchte ich Ihnen einen möglichen und praxisnahen Weg vom ersten Kontakt bis in die erfolgreiche Integration etwas näherbringen.

Schon der Erstkontakt ist zumeist sehr spannend, weckt Interesse und kann auf sehr unterschiedlichen Wegen erfolgen. So kommt es nicht selten vor, dass Arbeitgeber in Deutschland eine Bewerbung von einer ausländischen Fachkraft z. B. aus Indien oder Tunesien erhalten. Aufgrund des Fachkräftemangels ist das Interesse häufig schnell geweckt. Gleichzeitig stellen sich die Arbeitgeber, gerade wenn sie Neuland betreten und noch keine oder wenig Erfahrungen mit der Fachkräftegewinnung aus dem Ausland haben, die Fragen: Wie gehen wir mit der Bewerbung um und was müssen wir bereitstellen, damit die Fachkraft so schnell wie möglich bei uns im Betrieb arbeiten kann? Lässt sich die Fachkraft schon in die Arbeitsprozesse integrieren und reichen die deutschen Sprachkenntnisse schon aus, um in den Teams erfolgreich mitzuarbeiten?

Im Kern sind die ausländischen Fachkräfte hoch qualifiziert, haben studiert und sind sehr gut ausgebildet. Sie kommen mit sehr hohen Erwartungen zu uns nach Deutschland, zeigen eine hohe Einsatzbereitschaft, sind sehr flexibel und auch überaus freundlich im Umgang. Nicht zuletzt dank der modernen Medien lassen sich die Erstkontaktgespräche auch aus der Ferne wunderbar durch Videogespräche gestalten. Schon sehr schnell wird man feststellen, ob die *Chemie* stimmt und ein Beschäftigungsverhältnis in Aussicht gestellt werden kann.

Die Bewerbungsmappen sind teilweise sehr unterschiedlich. Empfehlenswert sind ein tabellarischer Lebenslauf, das Bewerbungs- oder auch Motivationsschreiben, das Diplom und auch das Sprachzertifikat. Noch im Ausland befindliche Fachkräfte haben es besonders schwer, Kontakte zu einem Arbeitgeber in Deutschland zu finden. Unwissenheit und auch Berührungsängste spielen nicht selten eine Rolle. Ein gegenseitiges Aufeinanderzugehen ist gewünscht.

Eine gute Möglichkeit dafür ist die zentrale Servicestelle für Berufsanerkennung in Deutschland, die sogenannte *ZSBA-Stelle*. Ihren Sitz hat die ZSBA bei der zentralen Auslands- und Fachvermittlung (ZAV) der Bundesagentur für Arbeit in Bonn. Die ZSBA-Stelle bietet den noch im Ausland lebenden Fachkräften Beratung und Begleitung im Anerkennungsverfahren an (E-Mail: recognition@arbeitsagentur.de). Sie hilft unter anderem auch dabei, Antragstellern die notwendigen Dokumente zusammenzustellen, den passenden Referenzberuf festzulegen und erklärt den weiteren Ablauf. Über die Arbeitsagentur lässt sich auch eine aktuelle Liste deutscher Berufe abrufen (web.arbeitsagentur.de/berufenet/). Für die ausländischen Fachkräfte ist es von großer Bedeutung, einen Kontakt- und Ansprechpartner zu haben, der unterstützend begleitet.

Zukünftige Arbeitgeber sollten sich nicht zu Unrecht Sorgen machen. Mit relativ wenig Aufwand lernen Sie im Handumdrehen das Verfahren im Fachkräfteeinwanderungsgesetz kennen und haben schon bald ihre neue Fachkraft vor Ort im Betrieb.

Ablauf:

Nach erfolgreichem Erstkontakt mit dem Arbeitgeber, dem sogenannten *Einstellungsgespräch*, geht es nun darum, die Papiere für das beschleunigte Fachkräfteverfahren vorzubereiten und zusammenzustellen, vorausgesetzt man hat sich für dieses Verfahren entschieden.

Das beschleunigte Verfahren umfasst auch den Antrag auf Feststellung der Gleichwertigkeit, der bei der zuständigen Landesbehörde beantragt wird, und den Familiennachzug, wenn dieser geplant ist. Die erforderlichen Unterlagen und der Antrag auf Feststellung der Gleichwertigkeit lassen sich auf der Website der zuständigen Behörde abrufen. Die ausländische Fachkraft kennt sich in der Regel sehr gut aus und stellt die erforderlichen Papiere mit den deutschen Übersetzungen schnell zusammen.

Haben Sie als Arbeitgeber Fragen, können Sie sich an die zuständigen Behörden wenden. Hier finden Sie schnell einen Ansprechpartner. Auch das *Netzwerk Integration durch Qualifizierung* (iQ-Netzwerk) bietet eine bundesweite umfassende Anerkennungs- und Qualifizierungsberatung.

Zum Antrag auf Feststellung der Gleichwertigkeit sind die Unterlagen schnell zusammengestellt (am Beispiel Niedersachsen):

- Farbkopie des Nationalpasses (in Originalsprache und deutscher Übersetzung).
- Tabellarischer und unterschriebener Lebenslauf (in deutscher Sprache).
- Nachweis der Berufsqualifikation/Diplom (Kopien in Originalsprache und in deutscher Übersetzung).
- Sprachzertifikat mit deutscher Übersetzung.
- Arbeitslizenz/Berechtigung zur Berufsausübung im Herkunftsland (Kopie in Originalsprache und Übersetzung).

- Wenn noch kein Wohnsitz in Niedersachsen, dann Unterlagen, die die Ernsthaftigkeit der Absichtserklärung, in Niedersachsen arbeiten zu wollen, belegen (z. B. Arbeitsvertrag, Bewerbungsschreiben).
- Befähigungs-/Praktikumsnachweise, sofern diese für die Feststellung der Gleichwertigkeit hilfreich sind (mit deutscher Übersetzung).
- Individualisiertes Curriculum mit aufgeschlüsselten Inhalten (mit deutscher Übersetzung).
- Detaillierte Stundennachweise während Ausbildung/Studium (mit deutscher Übersetzung). Der Antrag und die Unterlagen sind mit der Post an die zuständige Landesbehörde in Niedersachsen zu senden. Fachkräfte, die sich noch im Ausland befinden, noch keinen Arbeitsvertrag und keine Arbeitsperspektive haben, können den Antrag auch unabhängig vom beschleunigten Verfahren im Voraus stellen. Allerdings sollte dann schon eine Tendenz feststehen, in welchem Bundesland ein Beschäftigungsverhältnis angepeilt wird.

Das beschleunigte Fachkräfteverfahren wird bei der zuständigen Ausländerbehörde mit den erforderlichen Unterlagen eingereicht. Zum *Defizitbescheid* kommen dann gegebenenfalls noch die Unterlagen *Heiratsurkunde*, *Vollmachten* und *Ge-*

burtsurkunden von Partner und Kindern für den Familiennachzug dazu sowie *Arbeitsvertrag, Mietvertrag* bzw. *Wohnungsgeberbescheinigung, Beschäftigungsnachweis* und das *Zusatzblatt A* sowie die *Anmeldebescheinigung* und der *Zeitplan für die Teilnahme der Anpassungsqualifizierung,* die für die Anfrage *Vorabzustimmung* bei der Bundesagentur für Arbeit benötigt werden.

Für den Fall, dass Sie das als Arbeitgeber einreichen, ist eine Vollmacht mit Untervollmacht erforderlich. Es wird auch eine Vertragsvereinbarung mit der zuständigen Ausländerbehörde abgeschlossen, die das beschleunigte Fachkräfteverfahren durchführt und dann auch den Kostenbescheid (momentan 411 €) erstellt. Nach Überprüfung der Unterlagen auf Vollständigkeit stellt die zuständige Ausländerbehörde eine Anfrage auf eine Vorabzustimmung bei der Bundesagentur für Arbeit. Nach Zustimmung erhält der Vollmachtgeber die Vorabzustimmung, die auch direkt von der Ausländerbehörde zur deutschen Vertretung ins Ausland gesendet wird. Eine beschleunigte Bearbeitung wird durchgeführt.

Die Fachkraft kann nun zeitnah einen VISA-Termin bei der deutschen Botschaft im Ausland vereinbaren und die erforderlichen Unterlagen vollständig mit der Vorabzustimmung einreichen. Sofern die Unterlagen vollständig sind, wird das Visum erteilt.

Zu diesem Zeitpunkt ist ein großer Schritt getan und die Vorfreude, nach Deutschland zu kommen, sehr groß. Mit Elan und Tatkraft besorgt sich die *Fachkraft in Anerkennung* nun einen Flugtermin für die Einreise nach Deutschland. Ein Fahrdienst sollte beim ersten Tag in Deutschland je nach Entfernung zu Wohnung und Arbeitsstätte organisiert und die Willkommenstage gut geplant werden. Zeitnah ist ein Anmeldetermin beim zuständigen Bürgeramt zu organisieren und Unterstützung beim Anmelden in die Krankenversicherung zu gewähren. Ein Termin zur Eröffnung eines deutschen Bankkontos ist zu vereinbaren. Nach erfolgreicher Anmeldung ist die Aufenthaltserlaubnis bei der zuständigen Ausländerbehörde zu beantragen. Der Antrag ist online abrufbar. Die *Fachkraft in Anerkennung* erhält einen Termin zur Vorladung. Der elektronische Ausweis *Aufenthaltserlaubnis und Arbeitserlaubnis* wird in Auftrag gegeben und steht meistens nach einiger Zeit zur Abholung bereit.

Händigen Sie bitte ihren neuen Fachkräften eine Willkommensmappe aus, mit Angaben zu den Betriebsabläufen, Busverbindungen, Aktivitäten in der Stadt und der Gemeinde, Notfallnummern und Ärzte etc. Diese bietet eine erste Orientierung und gibt ein Gefühl der Sicherheit.

Eine der Hauptaufgaben für die Integrationsbeauftragten besteht zweifelsohne darin, die *Fachkraft in Anerkennung* gemäß dem Defizitbescheid und der Bewertung ausländischer Bildungsnachweise erfolgreich durch die Anpassungsqualifizierungsmaßnahme zu begleiten. Hierbei kann zumeist zwischen einem Anpassungslehrgang und einer Kenntnisprüfung gewählt werden. Es ist aber auch durchaus möglich, dass die Gleichwertigkeit sofort festgestellt worden ist.

Nach erfolgreichem Abschluss der Anpassungsqualifizierung muss die Anerkennungsurkunde noch bei der zuständigen Landesbehörde beantragt werden. Erst wenn die Urkunde vollständig vorliegt, ist das Anerkennungsverfahren erfolgreich abgeschlossen. Zeitnah werden nun die Arbeitserlaubnis als Fachkraft bei der zuständigen Ausländerbehörde sowie die Aufenthaltserlaubnis neu beantragt. Das Ziel ist erreicht.

Die neue Fachkraft wünscht sich nun zumeist, den nächsten großen Schritt zu gehen, und möchte die Familie im Familiennachzug zu sich nach Deutschland holen. Als Vorgabe sind hierzu ein geeignetes Einkommen und eine angemessene Wohnung erforderlich. Letztendlich ist die Fachkraft nur dann wunschlos glücklich, wenn sie ihre Familie bei sich hat, was ja nachvollziehbar ist.

Die Förderung zur Teilnahme an Aktivitäten in der Gemeinde, Sportvereinen, Kirche und die Ausübung von ehrenamtlichen Tätigkeiten hat ein großes Gewicht. Gerade hier spielt sich gute Integrationsarbeit ab. Die Gruppenzugehörigkeit in der Gemeinschaft und die Teilnahme am öffentlichen Leben werden hierdurch intensiv gefördert. Das Sprachverhalten wird verbessert und der gegenseitige Austausch sorgt für neue Impulse und Erfahrungen.

Berechnung Mindesteinkommen
Feststellung des Bedarfs:

Regelbedarf Frau L:	451 Euro
+ Regelbedarf Herr L:	451 Euro
+ Regelbedarf Tochter:	348 Euro
+ Warmmiete:	700 Euro
Gesamtbedarf:	1.950 Euro

Feststellung des anrechenbaren Einkommens:
Einkommen Frau L:

Bruttoeinkommen:	2.500 Euro
Steuern und Sozialabgaben:	600 Euro
Grundfreibetrag:	100 Euro
Erwerbstätigenfreibetrag I	180 Euro
Erwerbstätigenfreibetrag II	20 Euro
Erwerbstätigenfreibetrag III	30 Euro
Anrechenbares Einkommen:	1.570 Euro

Einkommen Herr L:	0 Euro
Einkommen Tochter (Kindergeld):	250 Euro
Anrechenbares Gesamteinkommen	1.820 Euro

ABC – Erfolgreiche Integrationsarbeit und Schlüsselkompetenzen

Der Umgang mit Menschen unterschiedlicher Herkunft ist sehr spannend, eröffnet neue Perspektiven und trägt zur Weiterentwicklung bei. Berührungsängste werden sehr schnell abgebaut, wenn man erst mal ins Gespräch gekommen ist. Für jede kleine Hilfe und Unterstützung erhalten wir Dankbarkeit und ein freundliches Entgegenkommen.

Falls die Kommunikation aufgrund mangelnder Sprachkenntnisse vielleicht auch gerade in den ersten Tagen nach Ankunft in Deutschland noch nicht perfekt klappt, gibt es heute zahlreiche gute und hilfreiche Kommunikationsmittel, die zur Sicherung der Sprache und Kommunikation eingesetzt werden können, z. B. Übersetzungs-Apps. Sie können sich sicher sein, dass die ausländischen Fachkräfte sehr bereitwillig sind, Sprachkurse zu besuchen und ihr Sprachverhalten von Tag zu Tag zu verbessern. Die deutsche Sprache ist sehr schnell zu lernen.

Mein Grundansatz und Credo für eine gute Integration lautet *Fördern durch fordern*. Das heißt nichts anderes, als dass sie den Integrationsprozess im Fachkräfteeinwanderungsgesetz begleiten und steuern müssen; eine Voraussetzung, damit gute Integration gelingt. Hieraus ergibt sich auch die interkulturelle Kompetenz, die bei Personen vorhanden sein sollte, die sich intensiv mit der Integration und Fachkräfteeinwanderung beschäftigen.

Interkulturelle Kompetenz ist die Fähigkeit zum beidseitig zufriedenstellenden Umgang mit Menschen aus anderen Kulturen. Das betrifft Fragen wie *Was heißt Kultur, Wie gehen wir mit Hierarchien um* und *Wie entwickeln sich die Veränderungs- und Vermischungsprozesse? Was sind Kulturen mit großer und geringer Machtdistanz?*

Im Bereich der persönlichen Kompetenz spielt vor allem die Fähigkeit zur Selbstreflexion eine große Rolle. Interkulturelle Kompetenz ohne Selbstreflexion bringt nichts und hilft einem nicht weiter. Im Vordergrund steht hier die Bereitschaft, sich zu öffnen, Neugier und Interesse zu zeigen, bereit zu sein, verschiedene Dinge auszuhalten.

Soziale Kompetenz bedeutet eine offene Haltung. Es geht darum, entspannt und sicher zu sein, um interkulturelle Situationen souverän erfassen zu können. Dabei spielt die Wahrnehmung eine große Rolle. Der Wahrnehmungsprozess wird in diesem Kapitel noch detaillierter beschrieben. Hier geht es vor allem darum, Sinneseindrücke und Situationen zu erkennen und vor allem auch nachzufragen. Eine vorausschauende Antizipation ist sehr wichtig für einen konstruktiven Umgang.

Wie steht es eigentlich mit der Diversität in Ihrem Betrieb? Der Begriff *Diversität* kommt ursprünglich aus der USA und bedeutet eine gleiche Haltung gegenüber Menschen mit unterschiedlicher Herkunft. Der Begriff umfasst angeborene Aspekte. Umgesetzt wird die Diversität von allen Menschen, die sie mittragen. Schauen Sie einmal in Ihrem Betrieb und in Ihrem Bekanntenkreis genauer hin. Inwieweit sind Ethnie, Hautfarbe, Alter, Religion, Funktion, Familienstand und auch Fortbildung ausgeprägt? Aus meiner Sicht geht es darum, eine Willkommenskultur zu schaffen. Jeder soll sich in seiner eigenen Umgebung, auf der Arbeit und egal, wohin er sich gerade bewegt, wohlfühlen. Bringen Sie Ihre emotionale Kompetenz und Sensibilität für die wechselseitige Verschiedenheit zum Vorschein und helfen Sie dabei, abgrenzende Strukturen aufzuweichen. Gerade in den letzten Jahren haben sich u. a. vermehrt Krankenhäuser interkulturell geöffnet und betreiben eine Vielfalt-orientierte Organisationsentwicklung. Es erfolgt eine interkulturelle Öffnung, z. B. kultursensible Krankenhäuser. Nicht zuletzt, weil der Gesundheitstourismus lukrativ ist.

Unterschiedliche Kulturen

Grundsätzlich ist man heutzutage weg von einem sogenannten *Länderansatz* um die vertieften Kenntnisse aus dem Heimatland in der Fachkräfteeinwanderung. Ja, Grundkenntnisse über die Kulturen im Heimatland sind erforderlich, um Zusammenhänge und Hintergründe in der Integration in die neue Umgebung zu verstehen und Prozesse und Entwicklungen zu fördern. Sie brauchen jedoch nicht alles über das Herkunftsland Ihrer neuen Fachkraft zu wissen. Allein in Hannover leben Menschen aus über 178 Ländern. Übertriebenes Bemühen um Hintergrundwissen könnte zu stereotypen Analysen verleiten. Also Finger weg vom Nationenbegriff und nicht zigmal alle Nationen kennenlernen, es sei denn, Sie planen selbst einen längeren Aufenthalt im Ausland.

Vielmehr geht es um den *migrationsspezifischen Ansatz*, um das Hineinwachsen in die neue Kultur und die Vermischungsprozesse zu fördern, die eine sehr große Ressource sind und sich zwangsläufig entwickeln werden. Hier geht es darum, den anderen als Individuum wahrzunehmen und ihn nicht zu kritisieren, und um die allgemein ausgeprägten Verhaltensweisen. Der Begriff der *Transkulturalität* taucht immer wieder im Gesundheitsbereich auf. Hieraus entsteht etwas Neues. Kulturen vermischen sich miteinander und sind als unzertrennbar zu betrachten.

Es gibt Kulturen mit großer und Kulturen mit geringer Machtdistanz, Ausländer sind also unterschiedliche Verhältnisse gewöhnt. Einige haben Schwierigkeiten, im Zweifelsfall nachzufragen, aus Sorge, jemanden bloßzustellen. Da ist gute Wahrnehmung und Beobachtung erforderlich. Die ausländische Fachkraft beobachtet die Arbeitsprozesse genau, denkt aber womöglich, dass sie nichts dazu sagen darf. Eventuell fühlt sie sich auch unglücklich, weil sie nur Helfertätigkeiten durchführen darf. Hieraus ergibt sich Gesprächsbedarf. Gehen Sie auf Ihre ausländische Fachkraft zu und mit Ihr ins Gespräch. Klare Anweisungen werden als positiv betrachtet. Vor Vorgesetzten gibt es in der Regel großen Respekt.
Ein Beispiel: Ein Meister in der Industriewerkstatt hat seiner hoch qualifizierten neuen Fachkraft den Auftrag gegeben, eine bestimmte Menge Kabeladapter für Autoteile nach Anleitungsplan zusammenzustecken. Die Aufgabe hat er mit Bravour erledigt. Der Meister wundert sich, dass er zwei Stunden nach Fertigstellung keine anderen Tätigkeiten mit übernimmt. Die Fachkraft teilt mit, dass sie auf weitere Anweisung gewartet hat. Eine Situation, die möglicherweise am ersten Arbeitstag auftreten könnte. Eine große Machtdistanz

besteht zumeist bei höherstehenden Personen. Ältere Personen werden sehr respektvoll behandelt. Im Beispiel stellt sich die Frage, warum der Mitarbeiter sich nicht getraut hat zu fragen, was er als Nächstes tun sollte. Gibt es vielleicht eine Sprachbarriere? Eine klare Anweisung kann hier Abhilfe schaffen und das Problem beseitigen: „Bitte teilen Sie mir mit, wenn Sie fertig sind, und fragen Sie mich nach der nächsten Aufgabe." Es gibt auch die Möglichkeit, mehrere Aufgaben zu geben, die nacheinander abgearbeitet werden können. Prägungen spielen hierbei natürlich auch eine Rolle. Wenn man als Kind immer Anweisungen erhalten hat, dann erwartet man später, Anweisungen von hierarchisch höherstehenden Personen.

Bei Gesprächen sind die kulturellen Besonderheiten zu beachten. Die Menschen verhalten sich zunächst so, wie sie es von zu Hause gewohnt sind. Häufig schauen ausländische Kräfte nach unten, wenn sie einem Vorgesetzten im Dialog gegenüberstehen. Das zeigt die Akzeptanz gegenüber der übergeordneten Person, also dem Vorgesetzten. Durch das Nicken und senken des Blickes wird akzeptiert, dass die andere Person höher steht. In manchen Kulturen dürfen ein Mann und eine Frau nicht alleine im selben Raum sein, daher können frisch zugezogene Ausländer durchaus in schwierige Situationen geraten, die dann Auslöser für Missverständnisse werden.

Indien, Japan, Malaysia die Türkei sowie die arabische Halbinsel sind stark vom Kollektivismus geprägt. Beim Individualismus ist die Abstimmung im Team besonders wichtig. In manchen Kulturen, wie z. B. Indien, gilt die linke Hand als unrein, was bei Begrüßungen und dem Überreichen von Material oder dergleichen beachtet werden sollte, um Irritationen zu vermeiden.

Im Zeitverständnis geht es darum, Unterschiede zu erkennen und auch das eigene Spektrum zu erweitern. Im monochronischem Zeitverständnis werden die einzelnen Dinge und Tätigkeiten nacheinander erledigt, nur eine Sache gleichzeitig. Im polychromen Zeitverständnis werden mehrere Dinge gleichzeitig erledigt.

Der Begriff *Fremdheit* ist ein relatives Gefühl. Fremd ist nicht gleich fremd. Fremd kann positiv, aber auch negativ sein. Hieraus ergeben sich unterschiedliche Verhaltensweisen und auch die Frage, wie wir mit der Fremdheit umgehen. Hier geht es für den Einzelnen vor allem darum, mit der Angst und Unsicherheit umzugehen und Überlebensstrategien zu entwickeln. Die Unsicherheit muss reduziert werden. Zunächst ist herauszukristallisieren, wie man sich im Umfeld fühlt, ob nun beruflich oder privat. Ist man Teil einer Gruppe und gehört dazu oder ist man fremd? Feste Ansprechpartner und Vertrauenspersonen sollten hier schon frühzeitig festgelegt werden. Auch der Kontakt zu Gemeinde, Kirche, Sportgruppe oder auch professioneller Hilfe sollte angebahnt werden. Gute Integration, Sicherheit, Wärme und das gemeinsame Miteinander können in ehrenamtlichen und sozialen Gruppen hervorragend erreicht werden.

Rucksackmodell

Eine praktische Anwendung für Menschen, die migriert sind, ist das *Rucksackmodell*. Es ist ein dynamisches und individuelles Modell für Menschen, die bereits einen kulturellen Wechsel vollzogen haben. Hierbei werden wichtige Dinge, die helfen, mit dem Alltag klarzukommen, in den Rucksack getan. Neue Dinge können dazu gepackt werden, um mit der neuen Kultur klarzukommen. Andere Dinge, die nicht mehr benötigt werden, werden herausgenommen. Während des Erlernens der Kultur werden die Werte tief in den Rucksack gepackt. Verhalten und Produkte liegen darüber. In der neuen Kultur werden Teile unbewusst und bewusst aus- und neu eingepackt. Fremdes und Eigenes vermischen sich und lassen sich nicht mehr trennen. Hierbei ergibt sich der Ansatz von *Transkulturalität*.

Wahrnehmung und Wahrnehmungspräzisierung

Die Wahrnehmung spielt in der Integrationsarbeit eine besondere Rolle. Der neue Mitmensch hat gerade in der Anfangszeit noch nicht immer konstant den Mut und die Sicherheit, sich zu öffnen, um seine Wünsche und Anliegen an der richtigen Stelle zu platzieren. Hier sind gute Beobachtung und Wahrnehmung erforderlich, um angehende und aufkeimende Probleme und Konflikte frühzeitig zu bearbeiten oder besser gar nicht erst aufkommen zu lassen.

Im Wahrnehmungsprozess ist es wichtig, im interkulturellen Kontext zu unterscheiden, sich Zeit zu nehmen und offen zu reflektieren. Es geht auch darum, Menschen nicht voreilig in eine Schublade zu packen und einen gegenseitigen Perspektivwechsel zu zulassen: *Was nehme ich wahr und aus welcher Perspektive sehe ich es?*

Auch gute Beobachtung ist wichtig: *Was sehe ich und alle anderen Menschen auch?* Die Beobachtung wird zunächst analysiert und interpretiert: *Was denke ich darüber, was es bedeuten kann?* In der Bewertung erfolgt die Beantwortung der Frage: *Wie finde ich das?*

Kommunikation

Interkulturelle Kompetenz bedeutet auch, die direkte und indirekte Kommunikation gut zu beherrschen. Die Kommunikation sollte höflich, respektvoll und wertschätzend durchgeführt werden. Versuchen Sie anfangs, einfache Sprache zu sprechen, mit einfachen Wörtern und nicht zu schnell. Bei kulturell unterschiedlicher Prägung ist die Gefahr eines Missverständnisses größer. Deutsche werden als eines der direkten Völker angesehen.

Die direkte Kommunikation ist zumeist kurz, knapp und sachlich klar umrissen. Sie nimmt eine kürzere Zeit in Anspruch. Sie ist gut geeignet für Menschen, die nicht gerne um den heißen Brei herumreden.

Die indirekte Kommunikation dauert länger. Bei indirekten Völkern gibt es oft keine Verneinung. Das, worum es genau geht, wird nicht genannt. Das *nicht wissen* wird nicht zugegeben.

Indirekte Kommunikation ist auch durch Taten und Gesten möglich, z. B. kann ein Geschenk, wie ein Blumenstrauß, kommentarlos hingestellt werden. Eine Entschuldigung kann auch über dritte Personen durchgeführt werden.

Migrationsformel

Der Zeitraum und die Zeitspanne, in der ein ausländischer Kollege gut integriert ist, erweist sich
als sehr unterschiedlich. Die Bereitschaft, sich gut
integrieren zu lassen, ist sehr groß. Grundsätzlich
lassen sich Kinder und Jugendliche schneller integrieren als erwachsene Menschen. Anhand der
Migrationsformel lässt sich die Zeitdauer rechne-
risch genauer einschätzen.

Migrationsformel (Integrationszeit) = Alter bei
Ankunft dividiert durch zwei plus Alter

Eine ausländische Kraft, die mit 40 Jahren nach
Deutschland kommt, mit 60 Jahren ist sie gut integriert. Der Integrationsprozess bis zur nahtlosen
Integration dauert 20 Jahre.
Ein Kind, das mit 4 Jahren nach Deutschland
kommt, ist mit 6 Jahren gut integriert. Der Integrationsprozess dauert 2 Jahre. Das hängt auch
damit zusammen, dass Kinder die deutsche Sprache sehr schnell lernen und auch in Schule/Kita
schneller Anschluss bekommen als Erwachsene.

Migrationskurve

Die Migrationskurve gestaltet sich in Form einer Welle und gibt Auskunft über die Befindlichkeiten in den drei unterschiedlichen Phasen des Migrationsprozesses. Sie unterteilt sich in eine Anfangs-, Mittel- und Schlusszeit.

In der Anfangszeit kommen die neuen ausländischen Kräfte mit sehr hohen Erwartungen zu uns nach Deutschland. Die Vorfreude ist gerade zu Anfang sehr groß. Es besteht eine hohe Anpassungsbereitschaft und Euphorie nach der Ankunft. Die Bereitschaft zum aktiven Handeln ist sehr groß. Es gibt in Europa viele reizvolle Plätze, von denen sie sich wahrscheinlich schon seit ihrer Jugend immer gewünscht haben, diese einmal zu sehen und zu besichtigen.

In der mittleren Zeit erfolgt auch ein Vergleich mit der eigenen Kultur. Es kann eine Enttäuschung eintreten, denn man sucht andere Menschen, die die eigene Kultur haben. Die Sehnsucht nach einem Stück Heimat kommt hoch. Es wird in Zeitungen gesucht und vertraute Spiele werden gespielt. Diese Phase ist sowohl physisch als auch psychisch sehr beanspruchend und auch gesundheitlich sehr belastend. Gerade in dieser kritischen Anpassungsphase muss Hilfe und Unterstützung angeboten werden. Zur Bewältigung dieser Phase sind insbesondere die Freizeitgestaltung, der Kontakt zu Kollegen, Familie und vertrauten Personen wichtig. Vor allem müssen die Auswirkungen der familiären Situation/Trennung überwunden und eine gute Work-Life-Balance umgesetzt werden.

Schon von Anfang an gilt es darauf hinzuarbeiten, einen Kulturschock zu vermeiden. Sehr genau und gezielt sage ich, dass es wichtig ist, den ausländischen Kolleginnen und Kollegen auch ein Stück Heimat zu belassen und ihnen mit Respekt und Würde zu begegnen. Warum sollte auf einer Weihnachtsfeier nicht auch mal ein indisches Weihnachtslied gesungen werden? Auf der anderen Seite ist es genauso wichtig, die Integrationsprozesse in deutsche Gruppen zu fördern. Die Integrationsarbeit sollte sich nicht nur auf die internen Arbeitsprozesse beziehen, sondern auch darauf abzielen, die Integration in die deutsche Gesellschaft durch Teilhabeaktivitäten tatkräftig zu fördern.

In der Schlussphase ist die Akzeptanz der kulturellen Unterschiede gegeben. Die ausländischen Fachkräfte weisen eine hohe Festigkeit und Stabilität auf. Weitere Ziele und Entwicklungsstufen werden angepeilt und auch umgesetzt. Hierzu kann der berufliche Aufstieg zählen und der Gedanke, sich in Deutschland ein Haus zu kaufen oder zu bauen.

Die Geschichte eines Kriegers aus Eritrea, der geflüchtet ist

Von Hermann Ulferts

Ich bin Hermann Ulferts, 75 Jahre alt und ein guter Freund von Sascha. Ich möchte hier meine Erfahrungen mit Geflüchteten und Migranten beisteuern. Meine Frau und ich haben uns unser ganzes Leben lang für benachteiligte Menschen eingesetzt, beruflich und familiär. Wir haben von 2008–2018 in der *Tafel* gearbeitet und durften 2017 nach Berlin fahren und im Bundestag mit den Politikern diskutieren. Das war ein schönes Erlebnis.

Bei der Arbeit haben wir unterschiedliche Menschen kennengelernt. Wir hatten bei der Ausgabe freitags immer um die 70 Kunden, also Familien, die sich Waren abgeholt haben. Als wir 2008 anfingen, waren es zunächst fast nur deutsche Familien, erst später kamen Geflüchtete dazu, häufig aus den Balkanstaaten. Wir lernten viele Charaktere kennen, viele waren zurückhaltend, es gab aber auch viele, die fordernd waren. Die Kommunikation erfolgte mit Händen und Füssen. Das Problem war, dass viele Menschen nicht alles aßen, was wir anbieten konnten. Viele deutsche Familien kamen irgendwann nicht mehr.

2012 mussten wir umziehen, weil der Vermieter Eigenbedarf geltend machte. Wir fanden an einer anderen Stelle einen größeren Laden und haben uns dort schön eingerichtet. Wir hatten auch mehr Platz für Bekleidung und haben in der *Tafel* ein soziales Kaufhaus eingerichtet. Auch haben wir versucht, bei den Kunden um ehrenamtliche Hilfe zu bitten, was meistens nicht gelang. Von nun an kamen viele Geflüchtete zu uns, so auch Ahmed (Name geändert). Er war sehr hilfsbereit, half bei den Arbeiten in der Tafel, beim Aufräumen, Aussortieren und der Warenausgabe. Auch andere halfen mit. Es kam aber auch zu einer hässlichen Szene, als ein deutscher Kunde sich weigerte, sich von Ahmed bedienen zu lassen. Er würde sich nicht von einem N… bedienen lassen, war sein Kommentar. Ich habe ihn daraufhin gefragt, ob er denn für Ahmed kommen und dessen ehrenamtliche Arbeit übernehmen würde, was er verneinte. Ich habe ihm frei gestellt, ob er weiterhin kommen wolle oder nicht. Wir hatten in den ausländischen Freiwilligen jedenfalls eine große Hilfe, weil sie sich besser mit den Flüchtlingen verständigen konnten als wir.

Hier ist Ahmeds Geschichte:
Ich bin Ahmed, Soldat aus Eritrea. Ich habe nichts anderes gelernt. Ich bin zur Schule gegangen und wurde danach gleich zum Militär eingezogen. In Eritrea sind auch die Frauen wehrpflichtig, wenn sie ledig sind und noch keine Kinder haben. Mein

Vater hatte für mich eine Frau ausgesucht, das ist in Eritrea so üblich. Ich habe mich aber dagegen gewehrt und habe meine Liebe Radna geheiratet.

Ich war erst Frontsoldat, dann wurde ich Sanitäter, war ständig in Lebensgefahr. Da waren all die verwundeten Kinder, Frauen und Soldaten. Wir sind Christen, wir sollen Menschen helfen und uns nicht gegenseitig abschlachten.

Wir hatten schon drei Kinder, aber keine Zukunft, kein Leben, den Tod ständig vor Augen. Meine Eltern waren 2003 nach Deutschland ausgereist, ganz legal. 2008 planten wir zu fliehen, meine Kameraden Ali, Fakir und ich. Meine Frau wollte später nachkommen. Wir wollten nach Sudan, das durch die Wüste in einem Tag zu Fuß zu erreichen war. Nicht ungefährlich.

Wir trafen uns abends um 23 Uhr und verschwanden von unserem Posten, was auch nicht bemerkt wurde. Aber von dem geplanten einen Tag wurden zwei, dann drei Tage. Wir hatten Durst und Hunger. Nachts liefen wir und am Tag versteckten wir uns unter Sträucher und kleinen Bäumen. Nachts war es kalt und am Tag sehr heiß.

Am dritten Tag sahen wir endlich Grenzanlagen, wir müssen im Kreis gelaufen sein. Wir schlichen uns über die Grenze und wurden auf der sudanesischen Seite erst mal festgenommen. Nach der Befragung kamen wir nach Casalla in ein Zeltlager. Ich habe als Rikschafahrer gearbeitet und so Geld verdient, konnte meiner Frau etwas nach Eritrea schicken.

Wir lebten nun in einem Land, das hauptsächlich von Moslems bewohnt wurde. Wir hatten keine Chance, in die Kirche zu gehen, und mussten unseren Glauben verheimlichen. Fakir und Ali hatten auch Arbeit gefunden; sie gingen auf Müllhalden und suchten Brauchbares, das sie auf dem Markt verkauften.

So ging das anderthalb Jahre, dann gelang meiner Frau und den Kindern auf dem gleichen Weg die Flucht durch die Wüste, sie waren nach ihrer Ergreifung nach Kartun gebracht worden. Als ich das hörte, brach ich in Tränen aus und versprach ihr, dort hinzukommen. Wir waren ja ständig mit dem Handy verbunden und haben uns gegenseitig informiert.

Nach zwei Tagen war ich in Kartun, der größten Stadt im Sudan. Ich bin weiter Rikscha gefahren, habe Menschen und Pakete transportiert, meine Frau und die Kinder waren glücklich. Aber wir waren im Sudan, dort lebten nur Muslime. Dort konnten wir nicht bleiben, denn wir konnten unseren Glauben nicht leben, auch wurde ich oft von Wegelagerern und sogar von der Polizei meiner Tageseinnahmen beraubt, Gegenwehr war unmöglich. So planten wir, dass ich nach Europa fliehen und später versuchen sollte, meine Familie nachzuholen. Jetzt mussten wir sehen, dass wir 1000

Dollar zusammenbekamen, so viel wollten die Schlepper haben.

Nach einem Monat ging es los: Wir wurden in Kleinlaster gesteckt und es ging über Libyen Richtung Mittelmeer, ich weiß nicht mehr, wie viele Tage wir unterwegs waren, weil wir gar nicht sahen, wo wir waren.

Aber dann sahen wir das Meer, es lag blau leuchtend vor uns. Ein Hauch von Freude kam auf. Wir wurden an eine Sammelstelle gebracht, wo sehr viele Leute warteten, dann kamen wir auf ein Boot: ca. 250 Menschen; Frauen, Kinder, ich und viele andere Männer. Es war ein altes Holzboot, das fast auseinanderfiel.

Morgens ging es los. Man kann sich vorstellen, wie die hygienischen Verhältnisse waren. Dann war auch noch das Boot undicht, wir mussten mit Eimern und Schüsseln das Wasser aus dem Boot rausschippen und hatten sehr große Angst. Ich kann gar nicht sagen, wie lange wir unterwegs waren, aber irgendwann schwebte ein Hubschrauber von der italienischen Küstenwache über uns, ein Schiff aus Italien nahm uns an Bord. Gott sei Dank! Ich betete zu Gott und dankte ihm, dass wir diese Fahrt überstanden hatten. Wir wurden auf die Insel Saragossa gebracht und wurde in Zelten eingepfercht, es war nicht schön.

Nach vier Wochen flohen wir nach Rom und ich lebte dort zwei Wochen auf der Straße, habe mich mit Betteln und kleinen Arbeiten durchgeschlagen. Ich hoffte, dass es in Mailand besser wäre, und bin dann nach zwei Wochen dorthin gepilgert. In Mailand war es besser, es gab Anlaufstellen wie das Rote Kreuz und Tafeln. Da konnte ich besser überleben.

Wie gesagt, waren meine Eltern nach Deutschland ausgereist. Sie waren nun in Bayern zu Hause, ich habe mich auf den Weg gemacht und es tatsächlich geschafft, nach Bayern zu kommen. Nun war ich bei meinen Eltern und bin dortgeblieben, habe mich bei den Behörden erkundigt wegen Familiennachzug vom Sudan nach Deutschland, aber das war alles sehr schwierig. Ich hatte gehört, dass das in Skandinavien leichter zu machen sei. Also beschloss ich nach einigen Überlegungen, mich dahin durchzuschlagen. Meine Eltern kauften mir ein Ticket und es ging los.

Zunächst ging alles gut, aber in Hannover wurde ich von der Bundespolizei kontrolliert, festgenommen und nach Friedland gebracht. Nach der Registrierung wurde ich nach mehreren Wochen nach Marienhafe gebracht und mir wurde eine Wohnung zugewiesen. Hier haben mich ehrenamtliche Flüchtlingshelfer sehr unterstützt. Ich bekam Kleidung, Möbel usw. Ich bedanke mich heute noch für die Unterstützung, ich konnte zur Tafel gehen und habe dort so viel Zuneigung erfahren, dass ich mitgeholfen habe.

Nach etwa einem Jahr konnten meine Frau und die Kinder zu mir kommen. Ich habe fleißig Deutsch gelernt und hatte ständig Kontakt zu meiner Frau und den Kindern.

Nun bin ich hier mit meiner Familie, wohne im Brookmerland, der Krieger aus Eritrea ist jetzt Altenpfleger und hat eine gute Arbeit im Altersheim im Landkreis Aurich. Ich und meine Kinder sind eingebürgert, meine älteste Tochter ist 18 und lernt Krankenschwester in Münster. Wir sind alle sehr dankbar für die Unterstützung und Hilfe, die wir hier im Brookmerland erfahren haben. Wir haben noch immer Kontakt zu der Tafel und zu Hermann. Auch meine Arbeitskollegen sind sehr toll, ich werde akzeptiert.

Ahmed und seine Familie sind ein gutes Beispiel dafür, wie gut Integration gelingen kann.

Wir haben im Brookmerland Tage der Kulturen durchgeführt, einmal in Marienhafe und einmal in Osteel, dort wurde Essen aus den verschiedenen Regionen angeboten, Fußball und andere Sportarten durchgeführt. Gäste aus der Politik waren da und haben mitgemacht, auch sind Geflüchtete bei Ausfahrten mitgefahren. Wir hatten insgesamt positive Erfahrungen mit Geflüchteten.

Dazu noch eine Geschichte: Ich hatte eine ganz liebe Arbeitskollegin, die 1945 wegen der nahenden Russen aus Breslau flüchten musste. Ihre

Mutter, der Großvater und mehrere Kinder machten sich mit Pferd und Wagen auf den Weg, nur mit dem Nötigsten, was sie eben tragen konnten. Sie mussten alles zurücklassen, kamen nach Wochen in Ostfriesland an und waren froh, am Leben zu sein. Die Flüchtlinge bekamen eine Heimat in Ostfriesland, wurden aufgenommen und integriert in der Gemeinschaft. Meine Arbeitskollegin konnte nach der Maueröffnung ihr Vaterhaus besuchen, es war schön, aber es war alles sehr verkommen.

Plaggenburg, Tannenhausen, Pfalzdorf und Middels wurden von pfälzer Familien gegründet, die von den Franzosen aus ihrer Heimat vertrieben wurden. Auch sie fanden in Ostfriesland eine neue Heimat.

Viele Ostfriesen sind im 18. und 19. Jahrhundert wegen Armut oder Arbeitslosigkeit nach Amerika ausgewandert und mussten sich da auch integrieren.

»Wir Ostfriesen kennen das Wort *Flüchtling* oder *Geflüchtete* nicht, für uns sünd dat al Lü al Minschen sünd gliek.«

Hermann und Doris Ulferts

Tagebuch – Eine Abenteuerreise nach Kerala in Indien

In den vergangenen Jahren habe ich Menschen mit Migrationshintergrund aus den verschiedensten Ländern kennengelernt, u. a. aus Ecuador, Tunesien und Indien. Aus vielen Bekanntschaften haben sich inzwischen enge Kontakte und Freundschaften entwickelt. So habe ich mich sehr darüber gefreut, dass ich von einer indischen Familie zur Taufe der jüngsten Tochter und auch zur Wohnungssegnung eine Einladung nach Kerala in Indien erhalten habe. Das Abenteuer hat mich so gereizt, dass mir es leichtfiel, die Einladung anzunehmen. Ein befreundeter deutscher Kollege aus Großburgwedel hatte für diese Reise vom 03.11. bis zum 12.11.2023 bereits seine Teilnahme zugesagt. Wir kannten uns gut und hatten schon so manchen Ausflug mit den ausländischen Kräften innerhalb Deutschlands durchgeführt. Da es für uns beide die erste Reise nach Indien war, waren wir uns sicher, dass dies ein besonderes Erlebnis sein würde.

Die Flugtickets und das e-Visum haben wir relativ schnell erhalten. Mir persönlich war es auch ein besonderes Anliegen, die Kultur in Indien sowie auch Rituale und das Familienleben des recht großen Landes kennenzulernen. Ich habe aufgrund einiger Einladungen zu Wohnungssegnungen, Geburtstagen und auch zum Oman-Fest (ein großes

Erntedankfest in den Backwaters von Kerala) schon kennengelernt, wie die Inder hier in Deutschland feiern. Nun wollte ich erfahren, wie die Leute in Indien leben und was die Unterschiede sind. Hauptsächlich natürlich, dass sie ihre Kultur in Indien intensiver ausleben. Sie haben sich immer ungemein gefreut, ihre Familien im Urlaub wiederzusehen zu können. Das gesamte Familienleben ist ein großer Zusammenhalt und wird sehr intensiv ausgelebt.

Schon vor der Abreise am 03.11.2023 erhielten wir viele gute Urlaubswünsche. Nach einem ca. sechsstündigen Flug ab Frankfurt hatten wir unseren ersten Zwischenstopp am Flughafen in Dubai. In der sehr modernen und komfortabel eingerichteten Wartehalle beobachteten wir viele Inder, die sich auf dem Weg nach Bangalore in Indien befanden. Ich hatte ein sehr gutes Gefühl.

Nach zwei Stunden flogen wir mit einem kleinen Propellerflugzeug der Fluggesellschaft *Indigo* weiter nach Kannur in Indien. Im Flugzeug waren außer uns nur indische Reisende. Nun waren wir die Fremden, die auffielen. Das fand ich bemerkenswert. Schon vor der Ankunft fühlte ich mich irgendwie in Indien angekommen.

Das Kontrollpersonal am Flughafen in Kannur war sehr freundlich zu uns und wir kamen auch schnell durch die Kontrollen. Ich merkte, dass es ihnen Freude bereitete, mit uns ins Gespräch zu kommen. Ich hatte bei der Passkontrolle auf Anfrage mitgeteilt, dass ich bei indischen Freunden zu Besuch sei. Bei meinen Erstkontakten fiel mir auch das häufige Kopfwackeln auf, das typisch für die indische Kultur ist. Wird der Kopf links und rechts zur Seite gedreht, so heißt dies *Nein*. Die Bewegung des Kopfes nach oben und unten bedeutet *Ja*. Das Schütteln des Kopfes bedeutet *Ja und Nein*, also Unsicherheit.

Kaum öffneten wir die Tür des Terminals nach außen, kam uns erst mal ein warmer Hauch tropischer Luft entgegen. Ich hatte noch meine Übergangswinterjacke an, die nun im Koffer verschwand.

Unser Gastgeber hatte alles bestens organisiert. Wir wurden mit dem Auto vom Flughafen abgeholt und fuhren nach Iritty in den Ort Randamkadavu, wo sich unsere Unterkunft befand. Unterwegs haben wir noch einen eindrucksvollen Tempel gesehen.

Nach einer ca. eineinhalbstündigen Autofahrt in das Landesinnere sind wir endlich bei unserem Gastgeber angekommen. Wir wurden sehr herzlich empfangen. Von der ersten Minute an fühlten wir uns wohl und waren ein Teil der Familie.

Wir bekamen nun erst mal unser Zimmer zugewiesen. Alles war gepflegt und die Zimmer hatten eine moderne Klimaanlage. Zur Ankunft gab es dann auch *Sadya*, eine Mahlzeit aus Kerala, die für alle Malayalis wichtig ist und aus einer Vielzahl von vegetarischen Gerichten besteht. Das Mittagessen wurde traditionell auf einem Bananenblatt zubereitet.

Kochrezept Sadya (traditionelles Mittagessen auf einem Bananenblatt) für 4 Personen

Zutaten: Reis, Joghurt und Samba.
Pakkada-Reis, Öl und Chil, Zwiebeln kochen.
1 Tomate, 1,5 Karotten, 1 Damenfinger-Pflanze, 2 Kartoffeln kochen.
4 kleine Löffel Sambar-Puder (Currypuder) einmischen.
1–2 Löffel Öl, 1 Prise Senfkörner und 1 Stück Curry mit den Fingern klein machen.
2 Zwiebeln schneiden.
Alles zusammen mit Curry 10 Minuten in Wasser kochen.
Zum traditionellen indischen Essen gehören Reis, Sambar, Fisch, Avial, Gemüse, Moru. Moru-Curry ist ein traditionelles Joghurt-Curry in Kerala.
Zum Essen wird meistens Wasser getrunken.

Eines der ersten Gespräche, das ich vor Ort geführt habe, war mit dem Klempner, der mit einer kleinen Reparatur an der Toilettenspülung beschäftigt war. Er hat mir mitgeteilt, dass seine Frau eine indische Krankenschwester sei und er die deutsche Sprache als schwer zu lernen empfand. Deutschland hat bei vielen Inder*innen einen hohen Stellenwert. Die Demokratie ist gefestigt und es gibt gute Möglichkeiten, Arbeit zu finden.

Seitens unseres Gastgebers brauchten wir uns über mangelnde Anregung und Langeweile, keine Sorgen machen. Die Tagesaktivitäten waren gut durchgeplant. So ging es nach einer kurzen Mittagsstunde um 16.30 Uhr zur heiligen Messe mit Rosenkranz-Anbetung in die *St. Joseph-Kirche*. In Kerala ist überwiegend der katholische Glaube ausgeprägt, vereinzelt vermischt mit dem Hinduismus. Auf dem Hinweg zur Kirche haben wir einige Moscheen gesehen. Die Hindu glauben nicht an einen erlösenden Gott und es besteht kein monotheistischer Glaube. Der Hinduismus ist die drittgrößte Religion der Welt. Es besteht eine Vielgötterei mit Haupt- und Nebengöttern. Der Hinduismus nimmt auch verschiedene Dinge aus dem Islam und Christentum mit auf.

Viele Krankenschwestern aus Kerala würden gerne nach Deutschland kommen, doch sie haben häufig kein Geld, um die Kosten für die Personalvermittler zu bezahlen. Dennoch sollte das kein Hindernis sein, um das große Ziel, bei uns in Deutschland zu arbeiten, auch zu verwirklichen. Aufgrund der gut ausgebauten Hilfsangebote, wie

z. B. der ZSBA-Service-Stelle für Berufsanerkennung, ist es möglich, den Weg nach Deutschland aus eigener Kraft zu schaffen. Ein Kontakt in Deutschland ist unausweichlich. Dieser Erstkontakt kann mit einer Bewerbung beim zukünftigen potenziellen Arbeitgeber erfolgen. Für eine ausländische Kraft, die noch in Indien wohnt, ist es häufig schwer, einen Erstkontakt zu finden, da sie nicht immer genau weiß, wo sie Hilfe abrufen kann. Die Politik ist hier auch gefordert, die Kontaktmöglichkeiten und Beratungsstellen auszubauen und Integrationsstützpunkte für noch im Ausland befindliche Fachkräfte einzusetzen. Generell bieten Personaldienstleister eine gute Unterstützung und können ein tragendes Bindeglied in den Erstkontakten zwischen der ausländischen Fachkraft und dem neuen Arbeitgeber sein. Jedoch ist eines aus meiner Sicht wichtig. Ob wir eine zukünftige Anerkennungskraft schon bald bei uns in Deutschland begrüßen dürfen, darf nicht vom Geld abhängen. Jede ausländische Kraft, ob mit viel oder wenig Geld, muss die gleichen Chancen erhalten, bei uns in Deutschland arbeiten zu können, wenn sie es denn gerne möchte.

Nach der heiligen Messe kamen wir ins Gespräch mit dem Priester und dem Pfarrer und drei zwölfjährigen Jungen. Der Pfarrer sprach Englisch und sogar ein paar Sätze Deutsch. Zuvor informierte er die Gemeinde über unseren Aufenthalt und teilte uns mit, dass wir im Ort Randamkadavu herzlich willkommen seien.

Der Pfarrer erzählte uns, dass es in Deutschland eine Koordinatorin gebe, die Informationen an eine Gruppe von ca. 120 Leuten aus Kerala weiterleitete. Es gab ein katholisches Kirchenprogramm mit Bibellesen und Beten. Ein Bruder und eine Schwester aus Dubai bieten immer sonntagabends eine Online-Plattform an. Auf dem Programm stehen eine halbe Stunde Rosenkranz-Beten und eine Stunde Bibellesung.

Warum ist hierzu eine Schwester von Dubai ausgewählt worden? Dabei spielt der Glaube an das indische Krankenschwesterprogramm eine Rolle, bestehend aus zwei Tagen Seminar, Messe und Unterricht. Dort treffen sich Koordinatoren aus der ganzen Welt. Das Programm *International Nurses Ministry* (Internationales Programm für Krankenschwestern) wurde schon vor über 20 Jahren in Dubai gegründet und ist ursprünglich ein Programm für indische Krankenschwestern. Es entwickelt sich aber stetig in andere Länder weiter wie USA, Großbritannien, Australien und mehr.

Auf der Fahrt zurück nach Randamkadavu machten wir an einer Hauptstraße halt, um uns ein Erfrischungsgetränk zu gönnen. Gerade in den ersten Tagen befanden wir uns intensiv in der Phase der

Akklimatisierung. Bei jedem Schritt und jeder Bewegung begangen wir stark zu schwitzen und das Wasser lief uns nur so am Körper herunter. Ich weiß gar nicht, wie oft ich mich am Tag umgezogen habe.

Wir haben aufgrund unserer hellen Hautfarbe auf uns aufmerksam gemacht, wurden aber überall recht herzlich begrüßt. So kam uns ein alter Schulbus entgegen. Die Schulmädchen begrüßten uns mit einem Peace-Zeichen und ich gab den freundlichen Friedensgruß natürlich auch sofort wieder zurück.

Die ersten Tage vergingen wie im Flug. Mit eiligen Schritten näherten wir uns dem 04.11.2023, dem Tag der Kindstaufe. Das war ja auch der Anlass, warum wir der Einladung folgten.

Die Taufe des elf Monate alten Kindes fand in der *Enfant Jesus Church Ulickal* statt, der *Kirche des Jesuskindes*. Viele Leute kamen, um der Taufe des Kindes beizuwohnen, Gäste aus nah und fern. Schon vor dem Eingang der Kirche waren Stände aufgebaut, an denen es frittierte Leckereien und auch Pfefferminzsauce gab, als eine Form der Gastfreundschaft. Der Pfarrer empfing die Eltern und den Täufling von innen an der Pforte vor der Kirche. Gemeinsam wurde gebetet und der Priester segnete alle. Der Priester bat dann die Gemeinschaft in die Kirche hinein und die Tauffeier wurde durchgeführt. Im Anschluss fand die heilige Messe statt.

Die Taufe ist ein bedeutsames Ereignis und bedeutet die Aufnahme in die Gemeinschaft Gottes.

Zur Tauffeier wurden wir mit traditionell indischer Kleidung ausgestattet:

Der *Dhoti* ist das in der Taille zusammengeknotete Beinkleid. Die *Kurta* ist das Oberteil.

Der *Sari* ist das Traditionskleid der Frau. Der Sari hat keinen Schal. Der Sari ist ein modernes Kleid.

Der rote Punkt, den einige indische Frauen immer auf der Stirn tragen, steht für Schönheit. Ältere Frauen tragen den Punkt nicht. Es besteht hierzu keine Pflicht.

In Kerala werden auch gerne Goldschmuck und Ketten an den Händen und Füßen getragen.

Zum Abschluss des Festes wurde gemeinsam in einem großen Festsaal gegessen. Ein gebuchter Cateringservice hatte festlich geschmückt und es wurde reichlich traditionelle Kost in mehreren Gängen an den Tischen serviert. Es war ein wahrer Festschmaus.

Ein professionelles Foto- und Kamerateam hielt alles fest und es wurden einmalig schöne Tauf- und Familienfotos angefertigt und dann im Anschluss nach Fertigstellung auch gezeigt und präsentiert.

Ein wunderschöner Tag in Indien ging langsam zu Ende. Wir waren sehr glücklich.

Am darauffolgenden Morgen sind wir recht früh aufgestanden. Das Wetter war sonnig und tropisch warm. Die Sonne ging schnell auf und geweckt wurden wir von den Kirchenglocken. Es war Sonntag und die heilige Messe begann schon um 7.00 Uhr. Um 10.00 Uhr fand noch die heilige Messe für Kinder statt. In Kerala ist die Zeit um viereinhalb Stunden nach vorne versetzt.

Den Tag begangen wir mit einem pikanten traditionellen südindischen Frühstück. Es gab *Uppumavu* mit Banane. *Uppumavu* ist eine Art Brei und wird mit Mehl, Wasser und Zwiebeln zubereitet. Dazu gab es *Athachakka*, eine Baumfrucht.

Am Nachmittag folgte ich dann der Einladung einer indischen Frau aus der Nachbarschaft, von der gegenüberliegenden Straßenseite. Sie war 60 Jahre alt und seit einigen Monaten Witwe. Seitdem lebte sie allein in der schon sehr alten Villa am Hang zu einem Bachlauf. Tagsüber, wenn wir auf der Terrasse saßen, winkten wir uns zu. Dabei fing ich immer an und sie winkte zurück. Nach dem letzten Winken eines jeden Abends blieb sie dann im Haus. Vielleicht war es ein Gute-Nacht-Gruß. Ihr Hobby war ihr Garten. Rund ums Haus hatte sie kleine Gärten mit indischen Blumengewächsen und auch einigen Kräutern angepflanzt. Gleich hinter dem Eingang befand sich ein offenes Vorzimmer, der Gebetsraum mit einem kleinen Schrein. Darin entdeckte ich eine Skulptur von Jesus und der Maria Gottes, eine Bibel und zwei Bilder von Paps Johannes Paul II.

Wir saßen im Vorzimmer und tranken einen indischen Kaffee. Meine indische Gastgeberin sprach nur die hiesige Landessprache *Malayalam*. Trotzdem haben wir es geschafft, uns zu verständigen. Ich habe ihr Bilder von der Tauffeier gezeigt und sie hat die sich darauf befindlichen Personen alle mit Namen genannt. Ich habe ihr auch ein paar Bilder aus Deutschland gezeigt.

Nach ungefähr 20 Minuten war die Kaffeezeit beendet und ich verließ das Haus überglücklich. Noch heute denke ich an die für mich ganz besondere und außergewöhnliche Erinnerung zurück, mit einer indischen Frau, die ich vorher nicht kannte, gemeinsam in ihrer Umgebung einen Kaffee zu trinken. Es war sehr emotional. Die Frau war noch in der Anfangsphase ihrer Trauerzeit zu ihrem verstorbenen Mann. Am Abend kam sie dann noch kurz zur Feier der Wohnungssegnung.

Am heutigen Abend war es dann endlich so weit. Pünktlich zur Wohnungssegnung war das komplett neu gebaute Haus fertiggestellt. Schon in den letzten Tagen haben nebenbei immer noch handwerkliche Restarbeiten und Feinarbeiten stattgefunden und am Abend zuvor wurde noch eine prachtvolle Ledersitzgarnitur angeliefert. Die Vorarbeiten für die anschließende Feier zur Wohnungsbesichtigung wurden abgeschlossen. Hierzu zählen auch der Aufbau der Sitzbänke auf den Terrassen rings ums Haus und das Anlegen der Überdachungen, falls Regenfälle eintreten sollten. Die Regenfälle kommen in Indien häufig sehr spontan und sind dann sehr intensiv. Die Außenterrassen wurden mit Pflanzen und Blumen dekoriert und die Tischdekoration wurde von dem Cateringservice durchgeführt, der schon sehr früh vor Ort war. Alle packten mit an.

Die Wohnungssegnung ist ein Segensakt und wird nur durch den Priester oder den Diakon durchgeführt. Hierbei werden das Haus und diejenigen, die im Haus wohnen, durch die Segnungsgemeinschaft unter besonderen Schutz und Segen gestellt. Das Schlechte wird durch die Segnung weggenommen. Eine Kerze wird angezündet, es wird gemeinsam gebetet, ein Lied gesungen und aus der Bibel vorgelesen. Der Priester spricht die Segnungsworte und besprengt alle Räume und Anwesenden mit Weihwasser. Schutz und Segen soll sich erstrecken auf alle, die ins Haus kommen. Auf dem neuen Gasofen wurde erstmals durch die Eigentümer-Familie gekocht. Im Anschluss gab es indische Feinkost. Die Atmosphäre war trotz der über 150 geladenen Gäste sehr entspannt und absolut fantastisch. Es war auch viel Austausch- und Gesprächsbedarf vorhanden.

Zum Ende des wunderbaren Abends habe ich dann auch noch auf der Außenterrasse gegessen. Wir wurden sehr freundlich und zuvorkommend bewirtet und haben die wunderbaren Gäste auch ein wenig mit unterhalten.

Die Kontaktfreudigkeit der Menschen uns gegenüber war geradezu überwältigend. Überall, wo wir hingekommen sind und wo auch immer wir uns aufgehalten haben, wurden wir überaus herzlich und freundlich empfangen. Ob alt oder jung, alle wollten immer Erinnerungsfotos mit uns machen. Gemeinsame Gruppenfotos mit uns waren sehr gefragt. Die indischen Kinder waren ebenfalls neugierig, wer wir waren, und kamen offen auf uns zu. Sie haben sich gleich mit ihren Namen vorgestellt und wollten dann natürlich auch unseren Namen wissen: „My Name is … What is your name?" Auf so einfache und interessante Art und Weise kamen wir ins Gespräch. Die indischen Kinder haben auch gerne gefragt, wer unser Lieblingsfußballer sei, unsere Lieblingsmusiker und Schauspieler.

Ein 18-jähriger junger hat Mann mir erzählt, dass er Bootskapitän auf einem Gütertransportschiff sei, und mich gefragt, ob es möglich wäre, in Deutschland zu arbeiten. Ich habe dies bejaht. Fachkräfte sind in Deutschland herzlich willkommen und haben gute Möglichkeiten, bei uns zu arbeiten, gutes Geld zu verdienen und sich weiterzuentwickeln. Ein weiterer Kollege war Zahntechniker und bekundete ebenfalls Interesse. Wir haben die Kontaktdaten ausgetauscht und ich habe ihnen die erforderlichen Unterlagen zukommen lassen, wie und wo sie Kontakte finden und aufbauen können.

Ganz nebenbei habe ich auch viele indische Rituale und Gebräuche kennengelernt. In der Kirche werden z. B. keine Schuhe getragen. Die Schuhe müssen vorher abgelegt werden. Grundsätzlich wird sich in der Küche nicht miteinander unterhalten. *Namaste* ist der typische Gruß im Norden Indiens. In Kerala sagt man als Gruß *Sugamano. – Wie geht es Dir? Sugamane* heißt *fein, gut*. In Indien wird nicht mit der linken Hand gegessen, da man sie für unrein hält. Das liegt daran, dass die meisten sich mit der linken Hand den Hintern abwischen.

Am Montag, den 06.11.2023 habe ich auf Einladung hin Deutschunterricht in der SG Academy durchgeführt, einer deutschen Sprachschule in Indien. Der Unterricht bestand aus der Bearbeitung eines deutschen Lückentextes, in dem die passenden Wörter eingesetzt werden mussten. Die Bedeutung der Wörter wurde besprochen und ein

Notfall in einem Krankenhaus wurde simuliert. Mein befreundeter Kollege erzählte vom Leben in Deutschland und dass man sich im Winter eine warme Jacke mitnehmen sollte, weil es Frost und kalte Tage geben kann. Die Schulklasse setzte sich aus Student*innen der Universität zusammen und es waren auch einige Krankenschwestern dabei. Das Sprachniveau lag in der Einstufung zwischen A2 und B2. Der Unterricht dauerte 90 Minuten und erfolgte in Präsenz.

Die Schüler*innen waren sehr aufmerksam und legten eine hohe Einsatzbereitschaft an den Tag. Besonders aufmerksam wurden sie, als ich von den Berufsmöglichkeiten berichtete und wie sie den Weg ans Ziel erreichen können, bestehend aus folgenden Schritten: Antrag auf Feststellung der Gleichwertigkeit, beschleunigtes Fachkräfteverfahren, Arbeitsvertrag, Wohnung, Vorabzustimmung, Visum, Einreise, Anerkennungsverfahren und Familiennachzug. Die Schüler*innen hatten auch Fragen: *Welche Ausbildungsberufe gibt es in Deutschland? Wie viel Geld verdient man in Deutschland?* Ich habe ihnen auch die Kontaktanschrift der ZSBA-Stelle (berufliche Beratungsstelle für ausländische Fachkräfte, die noch im Ausland wohnen) genannt und eine Liste der Ausbildungsberufe in Deutschland zugesandt.

Die Schulklasse war an diesem Tag ein wenig traurig, da ein Lehrer sich verabschiedet hatte, da er nach Deutschland ging. Der Besitzer der Sprachschule hatte dank einer glücklichen Begegnung zwei Tage später aber schon einen neuen Sprachlehrer gefunden. Zum Abschluss haben wir noch ein gemeinsames Erinnerungsfoto gemacht.

Nachmittags besuchten wir noch ein Exerzitienhaus. Es wurde von einem Priester und von Ordensleuten, Mönche und Nonnen betrieben.

Am Abend des 06.11.2023 fuhren wir über Nacht weiter in Richtung des indischen Südens. Unterwegs haben wir einen halbtägigen Aufenthalt in Bharananganam gemacht, um die Grabstätte der heiligen Alfonsa zu besichtigen. Wir besuchten die *St. Alphonsa Church* und die Ruhestätte der leiblichen Überreste, den Reliquienschrein. Die heilige Alfonsa war eine Ordensschwester und ist eine der Nationalheiligen, die immer noch hochverehrt werden. Sie lebte in Kerala, wurde 1910 geboren und insgesamt nur 36 Jahre alt. Es kommen tagtäglich sehr viele Menschen. Man bittet um ihren Beistand und Fürbitte bei Jesus Christus. Eine Verehrung findet statt, aber keine Vergötterung.

Nebenan war das Alfonsa-Museum, das wir uns auch ansahen. Viele Gegenstände und Fotos aus ihrer Lebenszeit waren zu sehen. Es war wie eine Zeitreise zurück in die Vergangenheit. Besonders in Erinnerung habe ich die Fotos von der Seligsprechung und der Heiligsprechung: Im Jahre

1986 wurde die heilige Alfonsa durch Papst Johannes Paul II. seliggesprochen. Im Jahre 2008 wurde sie durch Papst Benedikt heiliggesprochen. Sie war die erste indische Heilige. Die Heiligsprechung ist eine hohe und sehr seltene Ehre. Die Heiligen kann man an den Früchten ihres Lebens erkennen. Ihre Gaben wirken auf andere Personen, auch nach dem Tod.

Wir haben hier auch die Kapelle des dazugehörigen Klosters besucht. Im Kloster lebten Nonnen, die für die Menschen beteten. Sechsmal am Tag trifft man sich zum Gebet. Die Nonnen bewirtschaften das Kloster und helfen den Priestern, in Schulen und auch in Krankenhäusern.

Indien ist ein Land voller Gegensätze. Es gibt in diesem demokratischen Land viele Ortschaften, die hoch technisiert sind. Nach meiner Prognose wird Indien uns irgendwann überholen, es ist auf dem Weg zu einer aufstrebenden Weltmacht. In der Gegenwart kann man sich manchmal darüber wundern, dass das Land so funktioniert. Teilweise ist die Infrastruktur etwas heruntergekommen, wie an den Straßen und Brücken erkennbar. Es gibt viele neugierige, junge Menschen, die wissbegierig sind und großes Interesse an Deutschland zeigen. Auch auf politischer Ebene besteht ein freundschaftliches Verhältnis zwischen Indien und Deutschland.

Nachdem wir uns alle ein wenig erholt und ausgeruht hatten, fuhren wir auf dem Highway 66 weiter nach Süden zum Ort Kumarakam, wo wir auf einem traditionellen Hausboot am Sumeshsee übernachteten. Die Route war fast durchgängig umgeben von grünem Baumbestand und Kokospalmen. Nicht umsonst wird Kerala auch als *Land der Kokospalmen* bezeichnet. Die Fahrt auf der Route 66 war ein besonderes Erlebnis, wie ich es zuvor noch nicht erlebt hatte. Es war sehr spannend und aufregend und wir waren irgendwie auch abenteuerlustig und happy. Die Route 66 hatte viele Baustellen, die Straße ein hohes Verkehrsaufkommen und wirkte überfüllt. An etlichen Teilstücken waren die Bauarbeiten für eine Autobahnauffahrt in vollem Gange. Auf den Straßen fuhren wir vielleicht ca. 50 km/h. Die zulässige Höchstgeschwindigkeit auf den Hauptstraßen liegt bei 70 km/h.

Unterwegs fuhren wir auch durch die große indische Stadt Kochi, direkt am Indischen Ozean. Links und rechts an der Straßenseite waren fast durchgängig Häuser gebaut. Es waren auch viele Schulen, Villen, Krankenhäuser, Supermärkte, Geschäfte und kleine Obst und Fischstände zu sehen. Vielmal haben wir Kokosnussstände entdeckt. Spontan haben wir zu einem kleinen Zwischenstopp angehalten und Kokosnuss gegessen, die nach indischer Art zubereitet wurde. Das war ein besonderes und erfrischendes Erlebnis. Die

Fahrpause tat uns allen gut. Es gab auch Reis, Fisch und Omelett.

Die Straßen waren meist sehr holprig und unser Fahrer hatte einen sehr flotten Fahrstil. Im indischen Linksverkehr waren viele alte Mopeds, Roller und sogenannte *Tuk-Tuks* unterwegs, hergestellt in Indien. Fahrräder konnte man kaum entdecken, das wäre wohl auch viel zu gefährlich. Radfahrwege gab es nicht.

Auf den vorbeisausenden Mopeds saß häufig auch eine zweite Person, manchmal sogar quer im Sitz, sich gut am Fahrer festhaltend. Laufend hört man Hupen und Tuten, als Signal, wenn man überholen möchte oder auf eine Gefahr hinweist. Unfälle haben wir nicht gesehen, dennoch dachte ich oft: *Hoffentlich überstehen wir das heil.* Mir kam es so vor, als würden die Verkehrsteilnehmer die Situation ziemlich locker angehen und sich irgendwie arrangieren.

Auf dem Weg gab es viele Gebetsstätten, auch von der heiligen Mutter Gottes, wo man anhalten und ein kurzes Dankgebet sprechen kann, etwas Geld spenden und sich seinen Segen abholen. Auch wir haben einen Kurzstopp an einer dieser Gebetsstätten gemacht.

Nach einer langen Autofahrt sind wir abends um 22.00 Uhr endlich in Kumarakam angekommen.

Unser Gastgeber hatte alles perfekt organisiert und wir wurden schon vom Hausbootbesitzer erwartet. Gemeinsam betrat unsere Gruppe von acht Personen unser angemietetes Hausboot am Sumeshsee. Wir waren nun mitten im Kerala-Dschungel angekommen. Das Hausboot lag in einem kleinen Fluss mitten im tiefen Dschungel, umgeben von Kokosnusspalmen. Es folgte die Zimmerzuteilung und im Anschluss bekamen wir noch etwas Warmes zu essen. Gut, dass mein Magen sich inzwischen an das scharfe und gewürzte Essen sowie das feucht-warme Klima gewöhnt hatte.

Zum Ausklang des Abends wurde uns noch indisches Bier namens *King Fisher* angeboten. Das Bier gab es in eine 650-ml-Flasche, es hat 6 % Alkohol.

Die Zimmerunterkünfte waren recht komfortabel und mit einer Klimaanlage ausgestattet. Nun war erst mal Schlafenszeit.

Am nächsten Morgen gab es gemeinsames Frühstück auf dem überdachten Bootsdeck: Poori und Vagi, ein Kartoffelgericht. Ich habe aber Nudeln mit Eiern genommen, dazu einen indischen Kaffee mit Milch und ohne Zucker.

Währenddessen legte das Hausboot ab zu einer zweistündigen Ausfahrt auf den See. Wir fuhren zunächst ein Stück durch den Fluss. In Fahrtrichtung reckten sich uns unzählige Kokosnusspalmen entgegen. Leider befanden sich die Kokosnüsse nicht in Griffweite. Zu gerne hätte ich eine gepflückt.

Die Fahrt durch die kleinen Backwaters, die Seen und Kanäle, war ein atemberaubendes Abenteuer. Um Ufer lagen viele Hausboote, von denen aus uns gewunken wurde. Dort standen auch einige Frauen, die ihre Wäsche im Fluss wuschen. Viele Seerosen und andere Wasserpflanzen ließen die ganze Gegend in voller Farbenpracht erstrahlen. Recht lange Wasserschlangen schwammen an einigen Stellen im See, vor allem am Ufer entlang. Auf dem See befanden sich sehr viele Fischerboote, umgeben von Seerosen, und im Hintergrund sah man einen gewaltigen malerischen Hügel. Das Wetter war sonnig und für indische Verhältnisse mit 29 Grad nicht übermäßig heiß.

Auf der Rückfahrt ergriff ich die sich mir bietende Chance, mir einen Jugendtraum zu erfüllen, einmal selbst eine Kokosnuss zu pflücken: Beim Wendemanöver des Bootes zum Anlegen kamen wir ziemlich nah an eine kleine Palme mit tief hängenden Kokosnüssen heran. Ich beugte mich mit weit ausgestreckten Armen über die Reling und griff zu. Fast wäre sie mir runtergefallen, aber es hat gerade noch geklappt.

Überaus glücklich und froh fuhren wir mit vielen

tollen Erlebnissen wieder zurück nach Randamkadavu. Die achteinhalbstündige Fahrt war sehr an-
strengend. Mit einigen Zwischenstopps haben wir
die Strecke aber recht gut hinter uns gebracht. Ein
besonderes Lob gilt natürlich unseren beiden Fah-
rern, die uns sicher durch das chaotische Gewim-
mel brachten.

Während eines Zwischenstopps sah ich auf der
gegenüberliegenden Straßenseite eine Hündin,
eine sogenannte *Straßengrabenmischung*, die mir
in die Augen schaute. Sie lief ein kleines Stück
weiter an der Straße entlang und setzte sich am
Straßenrand in eine kleine Wasserpfütze, die sich
vom starken Regen am Tag zuvor gebildet hatte.
Die Zitzen waren noch sehr groß, sodass ich an-
nahm, dass sie gerade Junge gekommen hatte. Sie
schnüffelte ein wenig mit der Nase auf dem Bo-
den und verschwand dann in einer Wiese mit ho-
hem Gras. In Indien und auch im Bundesstaat Kerala gibt es viele Straßenhunde. Die meisten sind
Mischlinge. Wenn die Hunde klein sind, werden
sie als süß und niedlich wahrgenommen. Im Alter
werden sie dann oft ausgesetzt. Das ist sehr traurig.

Eine indische Bekannte von mir, Rajimol Haridas,
hat einen dieser Straßenhunde mit zu sich nach
Deutschland genommen. Inzwischen hat sie zwei
und das Anliegen, noch vielen weiteren Hunden
etwas Gutes zu tun.

Am darauffolgenden Tag standen erst mal Relaxen und Entspannung im Vordergrund. Wir brauchten auch ein wenig Zeit, um die wunderbaren Erlebnisse, die uns zuteilgeworden waren, zu verarbeiten. Am Abend hatte ich noch eine außergewöhnliche Begegnung mit einer Riesenlibelle. Wir saßen gemütlich auf der Vorderterrasse des Hauses mit Blick auf den Berg und die Wiese. Auf der Wiese weideten zwei Kühe. Ein malerischer Anblick, wie auf einem Postkartenfoto. Plötzlich näherte sich uns ein Schwarm Riesenlibellen, die mit hoher Geschwindigkeit gut 15 Meter vor uns im Kreis herumgeflogen sind. Ich stand auf und streckte ihnen meinen Zeigefinger entgegen, in der Hoffnung, dass sich eine Libelle draufsetzen würde. Und tatsächlich flog eine Libelle aus dem Kreis heraus und näherte sich auf ca. zwei Meter. Ich konnte ihr quasi in die Augen schauen. Sie verharrte einen Moment, kam aber nicht weiter an mich heran. Dann flog sie mit den anderen weiter zum Bach.

Am 09.11.2023 machten wir uns in der Mittagszeit auf zu einem Ausflug nach Virajpet. Virajpet ist die zweitgrößte Stadt des Distrikts Kodagu im Bundesstaat Karnataka. Wir wechselten somit auch den Bundesstaat.
Wir fuhren mit dem Auto durch den *Jungle Mount Adventure Coorg*. Der Park bietet umfassende

Campingerlebnisse mit Abenteueraktivitäten. Es ist ein grün bewaldetes Landgebiet in den Bergen. Wir waren umgeben von einem Wasserfall und einzigartigen Tierarten wie Schildkröten, Elefanten, Tigern, Affen, Salamandern, bunten Vögeln, Schmetterlingen, Pfauen und Schlangen, auch Würgeschlangen wie die Tigerpython. Die Tiere leben dort in freier Wildbahn. Einige haben wir recht schnell entdeckt. Die Affen in ihrer natürlichen Umgebung sehen zu können, war ein Erlebnis der ganz besonderen Art. Sie kamen direkt zu uns ans Auto heran. Wir stiegen aus und sie waren zum Anfassen nahe. Man merkte, dass sie sehr verspielt und neugierig waren. Man musste allerdings vorsichtig sein, denn sie schnappten sich gerne Brillen oder Handys und verschwanden damit im Dschungel.

Wir fuhren mit dem Auto durch den Park auf einen kleinen Berg mit einer freien Wiese. Die Landschaft erstrahlte zu großen Teilen in hellgrüner Farbe. Wir besichtigten eine Kaffeeplantage und haben die Bäume mit den noch nicht reifen Kaffeebohnen begutachtet. Des Weiteren gab es hier auch Pfefferminzbäume und Naturkautschukbäume sowie eine Teeplantage.

Je höher wir fuhren, desto kälter wurde es, ein wenig Abkühlung tat uns aber gut. Die Bergspitze konnten wir nur sehr kurz sehen, da sie sehr schnell in aufkommendem Nebel verschwand. Es blieb aber genug Zeit, um den Anblick der Spitze mit ein paar Fotos festzuhalten.

Die Temperaturen in Kerala zur Novemberzeit sind sehr wechselhaft. Wir haben einige Sonnenstunden erlebt, aber mussten auch kurzzeitige starke Regenphasen über uns ergehen lassen. Das Klima ist feucht-tropisch und tagsüber meistens zwischen 24 und 29 Grad warm. Für uns war es sehr ungewohnt, dass die Wäsche aufgrund der hohen Luftfeuchtigkeit nach dem Waschen teilweise sehr lange brauchte, um zu trocknen. Am besten hängte man sie zum Trocknen in der Sonne auf.

Oben auf der freien Bergfläche befand sich ein Sportverein mit einem Fußballplatz mit Sandboden. Eine Männergruppe befand sich gerade im Fußballtraining. Ich habe mich kurz mit dem Trainer der Mannschaft ausgetauscht. Er war sehr zufrieden mit seinen *Jungs* und teilte mir mit, dass sie sehr gut Fußball spielen könnten.

In dieser Gegend wurde vor allem Landwirtschaft betrieben. Neben uns waren auf der Straße ein voll beladener großer alter Bananenlaster und ein Heuwagen abgestellt. Bevor wir zurückfuhren, haben wir am offenen Verkaufsstand noch einen indischen Tee mit Milch und Zucker getrunken.

Es war schon Freitag, der 10.11.2023, und unsere Indienreise neigte sich langsam dem Ende entgegen. Heute hatten wir noch einen schönen Tag vor uns, auf den wir uns sehr gefreut hatten. Wir lernten die Schwiegereltern von zwei indischen Krankenschwestern kennen, die gleichzeitig auch unsere Gastgeber waren.

Bevor wir losfuhren, gab es erst mal ein sehr schmackhaftes indisches Frühstück. Die Dame des Hauses hatte *Puttu* gekocht, eine Reismehlrolle mit Kokos, dazu gab es Bananen. Ein Gericht ganz nach meinem Geschmack, aber sehr stopfend.

Nach dem Frühstück waren wir bei den Schwiegereltern unserer Gastgeber in Ulikkal. Wir wurden überschwänglich begrüßt und die Männer haben sich gleich aufgemacht, mit einem langen Stock eine Papaya aus dem eigenen Garten hoch oben in der Baumkrone zu ernten. Dazu wurde noch eine Yam-Wurzel ausgegraben. Die Wurzel wurde gewaschen, geschnitten und mit grünem Chili, Zwiebeln und Salz gekocht. Sie schmeckt ein wenig wie Kartoffeln.

Der Vater Hausherr führte uns dann erst mal durch seinen großen und dicht bewaldeten Garten. Das gemütliche und einladende Haus lag mitten im Grünen. Im Garten befanden sich Bananenbäume, Kokospalmen und Papayabäume sowie Pfeffer- und Kaffeepflanzen. Zudem trafen wir auf eine kleine Kautschukplantage. Aus den Bäumen wird der Kautschuk gewonnen, verarbeitet und zu

Gummimatten geformt. Der Vater hatte eine Kautschukverarbeitungsmaschine und erklärte uns den Prozess der Gewinnung und Verarbeitung. Die Matten werden zwei- bis dreimal gewalzt und zum Trocknen in eine Wanne gelegt. Dann werden die Kautschukmatten für die Weiterverarbeitung verkauft, unter anderem stellt man daraus Fußmatten für Autos und Schuhsohlen her. Er verkaufte auch Kaffeebohnen und Pfefferkörner und besserte damit sein Einkommen auf.

Wir gingen ein Stück weiter durch den Dschungel und besuchten Nachbarn, die eine kleine Farm betrieben und alles von Hand in Eigenarbeit selbst herstellten. Sie lebten ausschließlich von ihren eigenen Erzeugnissen.

Zum Mittagessen gab es Muaigaiyalla. Das ist eine grüne Blätterpflanze, die die Sehkraft stärkt. Dazu gab es Reis und Fisch, als Nachspeise Eiscreme mit Früchten. Wir bedankten uns für die großartige Gastfreundschaft und Bewirtung und verabschiedeten uns.

Nachmittags fuhren wir weiter zu den anderen Schwiegereltern unserer Gastgeber in den Ort Mattara, gelegen in ländlicher und bergiger Gegend. Wir hatten Verspätung. Als wir losfuhren, leuchtete die Fehlermeldung *nachlassende Motorleistung*. Ich rief einen befreundeten Kollegen in Deutschland an, der eine Autowerkstatt betreibt.

Er hat uns mitgeteilt, dass der Fehler in einer Werkstatt ausgelesen werden muss, wenn die Meldung bestehen bleibt. Es könne aber auch sein, dass die Fehlermeldung selbst ein Fehler ist. Es war aber alles in Ordnung. Das System musste nur einmal zurückgesetzt werden, dann konnte die Fahrt problemlos weitergehen.

Nach Mattara fuhren wir auf einer schmalen Straße in die Berge. Links und rechts waren Villen. Lange Wege führten durch die Gärten hinauf zu den Gebäuden. Die Gärten waren sehr gepflegt und mit Skulpturen und umrandeten Blumengärten verschönert. Die Nachbarn kannten sich untereinander sehr gut und waren auch sehr gastfreundlich. Einige haben uns schon bei der Anfahrt bemerkt. Die Schwiegereltern unserer Gastgeber hatten uns schon erwartet. Wir haben Papaya gegessen und einen indischen Tee getrunken. Der Hausherr führte uns durch den Garten und zeigte uns das Haus. Der Garten war mit vielen Obstbäumen und anderen Nutzpflanzen bewachsen. Es gab Bananen- und Kokosnusspalmen und wir haben Tapioka (Erdkartoffeln), Papaya, Kakao, Pfeffer, Yam und Kautschuk gesehen. Wir entdeckten auch Theruva, woraus Massageöl und Parfüm hergestellt wird. Sehr begehrt in Kerala ist auch die Ayurvedaheilpflanze. *Ayurveda* ist traditionelle Medizin, die über 2500 Jahre alt ist. Einen hohen Bekanntheitsgrad hat auch das *Heilige Basilikum*, auch *Tulsi* genannt. Es wirkt gegen Husten, Erkältung und auch gegen Stress.

Im Anschluss fuhren wir auf einer steilen, mit Geröll bedeckten Straße mit unserem *Renault Captur* auf den Berg, gerade noch rechtzeitig, um den Sonnenuntergang zu genießen. Manche Steigungen schafften wir erst mit dem dritten Anlauf, aber wir hatten einen ausgezeichneten Fahrer.

Auf dem Rückweg besuchten wir noch weitere Verwandtschaft unserer Gastgeber, die in einer großen prunkvollen Villa am Fluss wohnten. Wir saßen gemütlich zusammen, haben Papaya gegessen und einen Fruchtsaft getrunken. Draußen im Garten stand auch ein altes Damenfahrrad, das gleich von den Kindern ausprobiert wurde. In Indien wird wenig Fahrrad gefahren. Vielleicht liegt es daran, dass es gefährlich ist, weil es kaum Fahrradwege gibt. Die Mopeds, Tuk-Tuks, Lastwagen und Autos fahren auf den teils engen Straßen dicht an dicht und lassen nicht viel Platz für Fahrräder.

Am 11.11.2023 stand ein Ausflug an den *Muzhhappilangad Beach* an. Der Badestrand liegt am Indischen Ozean im Bundesstaat Kerala. Der Sand hatte eine bräunliche Farbe. Das Wetter war herrlich und lud bei Sonne und 29 Grad zum Baden ein.

Das Wasser fühlte sich sehr warm an. Aufgrund

von Hai-Gefahr gingen wir nicht tiefer ins Wasser hinein. Der Wind war mäßig und die Brandung recht hoch. Wir hatten einen schönen Blick auf den Indischen Ozean. Links und rechts ragten ein paar kleine bewaldete Inseln und mehrere Felsen aus dem Wasser, die man auch mit Booten anfahren konnte. Der Palmenstrand schien sich bis zum Horizont zu erstrecken. Am Strand lagen ein paar Fischerboote und es gab einen Erfrischungsstand, an dem exotische Getränke und Fruchtsäfte verkauft wurden. Wir haben uns einen Ananassaft gegönnt. Am Strand gab es auch mehrere kleine Eisstände. Die Wellen waren sehr groß. Abwechselnd führten wir mit unserem Auto eine Strandfahrt durch. Es war ein Erlebnis. Auf einer kleinen Felseninsel am Strand habe ich dann noch ein offizielles Wappen von der kommunistischen Partei *Lenin* entdeckt. Dort wehten auch einige rote Fahnen.

Wir liefen dann allesamt mit unseren angelegten Rettungswesten auf einen langen Steg, um am Wellenreiten auf Matten teilzunehmen. Am Ende des Steges war eine kleine Aussichtsplattform, die mit schwimmenden Wassermatten ausgelegt war. Wir hielten uns jeweils an einem Tau fest und ritten den hohen Wellen entgegen. Zu unserer Verwunderung fiel keiner von uns ins Wasser.

Nach einem dreistündigen Aufenthalt am Strand fuhren wir wieder zurück nach Randamkadavu.

Am frühen Morgen des 12.11.2023 haben wir unsere Rückreise angetreten, nachdem wir uns von unseren Gastgebern verabschiedet hatten. Zum Abschluss gab es noch mein Wunschessen: Nudeln mit Gemüse. Die Verabschiedung war sehr emotional, wir waren ein wenig traurig, dass die schöne Zeit schon zu Ende war. Wir nahmen eine Menge wunderbarer Erinnerungen mit zurück nach Hause.

Die Fahrt zum Flughafen nach Bangalore dauerte anderthalb Stunden. Wir hatten ein wenig Wartezeit und trafen auf eine Technologie-Studentin. Sie war 19 Jahre alt und wohnte noch bei ihren Eltern in Nepal, wo sich der Mount Everest befindet. Sie studierte im vierten von insgesamt sechs Semestern an einer Universität in Bangalore. Sie befand sich auf dem Rückflug zu ihren Eltern. Wir sprachen auch über die nepalesische Küche und sie fragte, ob es möglich sei, bei uns in Deutschland zu arbeiten, was ich bejahte.

Dieses Gespräch war auch für mich sehr interessant. Operative Technologie-Assistenten arbeiten auch in Krankenhäusern. Die Berufsperspektive in Deutschland ist gegeben. Wir haben die Nummern ausgetauscht und ich habe ihr erzählt, auf welchem Weg sich Kontakte aufbauen lassen und sie auch darum gebeten, schon jetzt damit anzufangen, die deutsche Sprache zu lernen.

Interview mit einer indischen Gesundheits- und Krankenpflegerin

Interview mit einer indischen Gesundheits- und Krankenpflegerin, die schon in Deutschland wohnt und ihr Anerkennungsverfahren erfolgreich abgeschlossen hat. Das Interview wurde während unserer Urlaubsreise in Indien vor Ort mit unserer Gastgeberin geführt.

1.) Welche Jobs gibt es in Indien?

Da es bei uns in Indien viel landwirtschaftliche Flächen gibt, bestehen gute Berufsmöglichkeiten für Bauern, aber auch für Bankkaufleute, Lehrer, Ingenieure und Krankenschwestern.

2.) Wie leben die armen Menschen in Indien?

Viele arme Leute arbeiten in der Hausarbeit oder auch im Restaurant. Durchschnittlich verdienen sie ca. 250 Euro netto im Monat.

3.) Wie viel Geld haben Sie als Krankenschwester in Indien verdient?

Eine Krankenschwester verdient ca. 350 Euro netto im Monat. Im Haushalt befinden sich häufig 2–3 Kinder. Kerala ist sehr speziell. Der Anteil der noch ärmeren Menschen ist in Nordindien größer. Viele Menschen arbeiten hier sehr lange und für wenig Geld auf den Teeplantagen.
(Der schwarze Ostfriesentee *Onno Behrends* kommt u. a. hierher.)

4.) Welche Freizeitmöglichkeiten und Hobbys gibt es in Indien?

Cricket und Fußball sind sehr beliebt. Indische Frauen mögen gerne Yoga in Gruppenform, Tanzen, Singen im indischen Chor, auch mit Zupfinstrumenten.

5.) Gibt es eine Schulpflicht in Indien?

Der Kindergarten beginnt ab 3 Jahren. Ab 6 Jahren besuchen die Kinder die Grundschule. Zwischen 8 und 15 Jahren erfolgt der Besuch der

Hochschule und das anschließende Abitur wird mit 16–18 Jahren erlangt. Ab 18 Jahre erfolgt der Besuch einer Universität. Wer nicht zur Universität geht, geht arbeiten.

6.) Gibt es Aufstiegschancen in Ihrem Beruf?

Ich habe Möglichkeiten als Stationsleitung und dann noch ein zweites Mal als Bereichsleitung aufzusteigen. Bei uns nennt sich der Aufstieg *Nurse in Charge*. Als ausgebildete Krankenschwester verpflichtet mich mein Arbeitgeber, zusätzlich zu meinen Pflegeaufgaben mehrere Arbeitnehmer zu leiten und zu beaufsichtigen (Stationsleitung).

7.) Haben Frauen in Indien die gleichen Rechte wie Männer?

Frauen haben beruflich die gleichen Chancen wie Männer. In Kerala trinken Frauen keinen Alkohol und rauchen auch nicht, es ist aber nicht verboten. (Trotz Demokratie und Wachstum spielen die Frauen in Indien immer noch eine geringere Rolle als die Männer. Von der indischen Verfassung her besteht Gleichberechtigung für indische Frauen, die Realität sieht aber leider häufig anders aus. Abtreibungen, Vergewaltigungen, Entführungen und Zwangsehen sind keine Seltenheit. Es herrscht teilweise immer noch eine systematische Diskriminierung.)

8.) Welche Parteien kann man wählen?

In Kerala haben wir die Möglichkeiten, drei Parteien zu wählen: *BJP*, *Congress* und *CPIM*. Die Parteien werden für fünf Jahre gewählt.

(Auf der Wohnungssegnungsfeier unseres Gastgebers hatte ich die Gelegenheit mit einem Lokalpolitiker zu sprechen. Ich habe nach den Wahlmöglichkeiten in Kerala und Indien gefragt und anschließend etwas recherchiert:

Die Partei *CPIM* oder *CPI/M* ist eine kommunistische/marxistische Partei. Gegner bei der Wahl 2021 war die *Vereinigte Demokratische Front* (*UDF*). Das Linksbündnis unter kommunistischer Führung besitzt mehr als zwei Drittel der Mandate in der Legislative im Bundesstaat Kerala.

Die in Indien auf Bundesebene regierende Hindu-nationalsozialistische Volkspartei *BJP* spielt in Kerala keine Rolle mehr.

Congress ist der Name für verschiedene regionale politische Parteien mit Schwerpunkt in Kerala.

Seit 2014 ist der Hindu-nationalsozialistische Politiker Narendra Modi Premierminister. Unter ihm haben sich Demokratie und Menschenrechte in Indien stetig verschlechtert.)

9.) Wann heiraten indische Frauen und können sie sich ihren Ehemann selbst aussuchen?

Vorrangig suchen die Eltern die Ehepartner aus. Zunächst werden Fotos durch die Eltern ausgetauscht. So war es auch bei meiner Schwester. Wenn beide Elternparteien sagen, dass es passt und gut ist, werden die Eltern und Geschwister ins Haus der Frau eingeladen und es wird sich das Haus der Frau angeschaut. Wenn alles gut ist, sprechen die Eltern miteinander und man trifft sich mit Eltern und Verwandtschaft im Haus des Mannes. Im Anschluss wird ein Heiratsdatum festgelegt.

Es besteht einmal die Möglichkeit, über die Fotos zueinanderzufinden, oder aber durch einen Vermittler. In früheren Zeiten gaben die Eltern der Frauen auch etwas Gold und Geld.

Frauen können schon ab 18 Jahren heiraten. Männer erst ab 23 Jahren.

In der heutigen Zeit gibt es auch Paare, die sich selbst finden. So war es auch bei mir und meinen Mann. Wir haben etliche Jahre über unsere Handys miteinander kommuniziert, ohne uns jemals vorher zu sehen. Nun sind wir schon seit einigen Jahren glücklich verheiratet und haben eine Tochter. Meine Schwester ist auch sehr glücklich verheiratet.

10.) Was bewegt eine indische Krankenschwester, nach Deutschland zu kommen?

Eine indische Krankenschwester verdient in Deutschland pro Monat umgerechnet ca. sieben- bis achtmal so viel wie in Indien. Einen Teil des Geldes schickt sie zur Familie und kann in relativ kurzer Zeit zu einem guten Wohlstand kommen. Sie baut oder kauft sich ein Haus, häufig auch eine kleine Villa für die ganze Familie. Der Familienzusammenhalt ist groß. Häufig arbeiten mehrere Familienmitglieder im Ausland, z. B. der Ehemann im Familiennachzug und auch die Kinder.

Wenn die Kinder anfangen zu arbeiten, dann gehen die Eltern in Rente. Es gibt vom Staat keine Rente und die Kinder versorgen nun die Eltern.

Wenn etwas im Haus neu gebraucht wird oder auch Reparaturarbeiten anfallen, werden die Rechnungen von den Kindern beglichen. Ein wesentlicher Grund nach Deutschland zu kommen ist auch, dass sich die Krankenschwestern und Pfleger beruflich weiterentwickeln und aufsteigen möchten, um ihren Kindern eine neue Perspektive anbieten zu können.

Leben in Indien

Indien ist eines der beiden bevölkerungsreichsten Länder und die größte Demokratie der Welt. Insgesamt leben rund 1,4 Milliarden Menschen in Indien. Das Land unterteilt sich in 29 Bundesstaaten und 8 Unionsterritorien.

Indien ist ein Land der extremen Gegensätze. Es gibt boomende Zentren wie Mumbai, Delhi oder Bangalore und eine wachsende Anzahl von sehr reichen Familien, gleichzeitig aber auch Menschen, die in extremer Armut leben. Etwa 15 Prozent der Inderinnen und Inder sind unterernährt. In der Gegend, wo wir gewohnt haben, in Randamkadavu, Kerala, ging es den Leuten noch recht gut. Viele können auch ihren Grundkonsum durch den Anbau von Früchten decken.

Aufgrund der Überbevölkerung ergeben sich viele Probleme wie Hunger, Armut, zu viele Pestizide und Überdüngung in der Landwirtschaft, fehlende Ausbildung und mehr.

Indien ist im Süden vom Indischen Ozean, im Westen vom Arabischen Meer und im Osten vom Bengalischen Meer umgeben. Im Norden liegt der Himalaja, dass höchste Gebirge der Erde. Deutschland liefert Maschinen, chemische Erzeugnisse, Flugzeuge, Elektrotechnik, Fahrzeugteile und Straßenfahrzeuge nach Indien. Indien exportiert nach Deutschland chemische Erzeugnisse inklusive Arzneimittel, Bekleidung und ebenfalls Maschinen. Indien ist noch keine Supermacht, sondern immer noch ein Entwicklungsland, obwohl es Atomwaffen besitzt.

Die indische Verfassung kennt insgesamt 22 verschiedene Sprachen an. Die Währung ist die indische Rupie (1 Euro entspricht 89,26 indischen Rupien nach Stand vom 12.11.2023). Der Lebensunterhalt ist teilweise sehr günstig für einen ausländischen Touristen, besonders Essen und Trinken an den Straßenständen und Märkten. Das Benzin ist hingegen vergleichsweise teuer, ähnlich wie in Deutschland. Die Übernachtungen und Mieten sind günstig sowie auch die Eintrittskarten und Tickets. Das Baumaterial und die Immobilien sind ebenfalls verhältnismäßig günstig. Es ist möglich, ein recht komfortables Haus für umgerechnet ca. 35.000 Euro zu kaufen oder zu bauen.

Religionen

Zu den größten Religionen in Indien zählen:
1. Hinduismus
2. Islam
3. Christentum

Zwischen Hindus und Christen gibt es wenig Probleme. Konflikte treten häufiger mit dem Islam auf. In Kerala wird der Druck der Islamisten größer.
Die *Hamas* sind ein terroristischer Zweig der Islamisten. Es gibt sowohl friedliche Moslems als auch radikale Gruppen. Ein schwieriges Land ist der Iran, weil es die terroristischen Netzwerke der *Hamas* unterstützt. Einige Christen haben Sorge vor schlimmen Sanktionen, wenn sie sich als Frau nicht verschleiern.

Schlusswort

Liebe Leserinnen und Leser,

mit doch sehr hohen Erwartungen habe ich mich in diesem Buch an Sie gewandt, um Sie ein wenig mit der Thematik *Integrationsarbeit und Fachkräfteeinwanderung* vertraut zu machen. Die Hingabe und Leidenschaft, mit der ich meine Erlebnisse beschrieben habe, hat sich schon in jungen Jahren entwickelt. Mein Antrieb ergab sich immer wieder aus meinem Aufgabenbereich. Hierbei haben mich meine Offenheit und meine Fähigkeit, auf Menschen zu zugehen, meine gute Kommunikationsfähigkeit und meine Empathie getragen. Sich in die Situation eines anderen Menschen hineinversetzen zu können und nachzuempfinden, wie es ihm in einer bestimmten Situation geht und was er denkt, hat immense Bedeutung.

Hermann Ulferts zeigt mit seinem Beitrag *Die Geschichte eines Kriegers aus Eritrea*, wie wichtig es ist, die Menschen, mit denen wir uns umgeben, in ihren Wünschen und Bedürfnissen ernst zu nehmen und ihre Beweggründe und Gefühlslagen zu respektieren. Fragen wie *Wie ist es Dir in Deinem Land ergangen? Fühlst Du Dich inzwischen wohl hier bei uns in Deutschland? Wie geht es Deiner Familie? Sind Sie im Nachhinein froh darüber, dass Sie zu uns nach Deutschland gekom-*

men sind?, bekunden Interesse an der Lebenslage und Situation des anderen, strahlen kommunikative Wärme aus und geben Hoffnung, Motivation und Stärke. Es geht vor allem darum, die Menschen, die sich häufig erst seit kurzer Zeit bei uns befinden, nicht alleine zu lassen und ihnen Hilfestellung zu geben, wenn sie es benötigen. Auch eine kleine Hilfe in Form einer wegweisenden Information kann schon eine große Unterstützung sein und den weiteren Verlauf positiv beeinflussen.

Die Stärke eines Menschen entwickelt sich von innen heraus. Menschen, die niedergeschlagen und hoffnungslos sind, viel Negatives erlebt haben, sind oft verängstigt und ziehen sich zurück. Gerade diese Menschen sollten wir besonders im Blick haben und auf sie zugehen. Eine gute Beobachtungsgabe und ein hohes Maß an Antizipation sind unausweichlich, um die Situation und Gefühlslage frühzeitig erkennen und positiv entgegenzusteuern zu können. Diese Art der Hilfe können alle leisten, besonders aber im beruflichen Umfeld.

Viele Menschen engagieren sich ehrenamtlich und wollen Hilfestellung geben. Das muss unbedingt gefördert werden. Eine ausländische Fachkraft fühlt sich am glücklichsten, wenn sie ihrer Arbeit nachgehen kann und ihre Familie bei sich in der Nähe hat. Die soziale Integration in die Gesellschaft ist gleichermaßen wichtig und kann z. B. in Kirchengruppen, Sportvereinen, Chören, anderen Gruppen und bei Freizeitaktivitäten realisiert werden.

Zum Schluss noch ein Wunsch: Alle Fachbetriebe, die Fachkräfteeinwanderung durchführen, sollten einen Integrationsbeauftragten einstellen.

Ihr

Sascha Sandhorst

Quellenangaben

Einwanderung aus Drittstaaten wird erleichtert:
www.anerkennung-in-deutschland.de)

Interkulturelle Kompetenz; Xpert Culture Communication Skills, Juliana Roth, Christoph Köck
(Hg.); ISBN: 978-3-86718-200-3

Zeitfracht Medien GmbH
Ferdinand-Jühlke-Straße 7
99095 Erfurt, Deutschland
produktsicherheit@kolibri360.de